王府胜景

北京著名王府的景致

肖东发 主编　郭艳红 编著

中国出版集团

现代出版社

图书在版编目（CIP）数据

王府胜景：北京著名王府的景致 / 郭艳红编著. — 北京：现代出版
社, 2014.7（2019.1重印）
ISBN 978-7-5143-2294-1

Ⅰ. ①王… Ⅱ. ①郭… Ⅲ. ①古建筑－介绍－北京市
Ⅳ. ①K928.71

中国版本图书馆CIP数据核字（2014）第159577号

王府胜景：北京著名王府的景致

主　　编：	肖东发
作　　者：	郭艳红
责任编辑：	王敬一
出版发行：	现代出版社
通信地址：	北京市定安门外安华里504号
邮政编码：	100011
电　　话：	010-64267325　64245264（传真）
网　　址：	www.1980xd.com
电子邮箱：	xiandai@cnpitc.com.cn
印　　刷：	汇昌印刷（天津）有限公司
开　　本：	710mm×1000mm　1/16
印　　张：	9
版　　次：	2015年4月第1版　2021年3月第4次印刷
书　　号：	ISBN 978-7-5143-2294-1
定　　价：	29.80元

　　党的十八大报告指出："文化是民族的血脉，是人民的精神家园。全面建成小康社会，实现中华民族伟大复兴，必须推动社会主义文化大发展大繁荣，兴起社会主义文化建设新高潮，提高国家文化软实力，发挥文化引领风尚、教育人民、服务社会、推动发展的作用。"

　　我国经过改革开放的历程，推进了民族振兴、国家富强、人民幸福的中国梦，推进了伟大复兴的历史进程。文化是立国之根，实现中国梦也是我国文化实现伟大复兴的过程，并最终体现为文化的发展繁荣。习近平指出，博大精深的中国优秀传统文化是我们在世界文化激荡中站稳脚跟的根基。中华文化源远流长，积淀着中华民族最深层的精神追求，代表着中华民族独特的精神标识，为中华民族生生不息、发展壮大提供了丰厚滋养。我们要认识中华文化的独特创造、价值理念、鲜明特色，增强文化自信和价值自信。

　　如今，我们正处在改革开放攻坚和经济发展的转型时期，面对世界各国形形色色的文化现象，面对各种眼花缭乱的现代传媒，我们要坚持文化自信，古为今用、洋为中用、推陈出新，有鉴别地加以对待，有扬弃地予以继承，传承和升华中华优秀传统文化，发展中国特色社会主义文化，增强国家文化软实力。

　　浩浩历史长河，熊熊文明薪火，中华文化源远流长，滚滚黄河、滔滔长江，是最直接的源头，这两大文化浪涛经过千百年冲刷洗礼和不断交流、融合以及沉淀，最终形成了求同存异、兼收并蓄的辉煌灿烂的中华文明，也是世界上唯一绵延不绝而从没中断的古老文化，并始终充满了生机与活力。

　　中华文化曾是东方文化摇篮，也是推动世界文明不断前行的动力之一。早在500年前，中华文化的四大发明催生了欧洲文艺复兴运动和地理大发现。中国四大发明先后传到西方，对于促进西方工业社会的形成和发展，曾起到了重要作用。

　　中华文化的力量，已经深深熔铸到我们的生命力、创造力和凝聚力中，是我们民族的基因。中华民族的精神，也已深深植根于绵延数千年的优秀文化传统之中，是我们的精神家园。

　　总之，中华文化博大精深，是中国各族人民五千年来创造、传承下来的物质文明和精神文明的总和，其内容包罗万象，浩若星汉，具有很强的文化纵深，蕴含丰富宝藏。我们要实现中华文化伟大复兴，首先要站在传统文化前沿，薪火相传，一脉相承，弘扬和发展五千年来优秀的、光明的、先进的、科学的、文明的和自豪的文化现象，融合古今中外一切文化精华，构建具有中国特色的现代民族文化，向世界和未来展示中华民族的文化力量、文化价值、文化形态与文化风采。

　　为此，在有关专家指导下，我们收集整理了大量古今资料和最新研究成果，特别编撰了本套大型书系。主要包括独具特色的语言文字、浩如烟海的文化典籍、名扬世界的科技工艺、异彩纷呈的文学艺术、充满智慧的中国哲学、完备而深刻的伦理道德、古风古韵的建筑遗存、深具内涵的自然名胜、悠久传承的历史文明，还有各具特色又相互交融的地域文化和民族文化等，充分显示了中华民族的厚重文化底蕴和强大民族凝聚力，具有极强的系统性、广博性和规模性。

　　本套书系的特点是全景展现，纵横捭阖，内容采取讲故事的方式进行叙述，语言通俗，明白晓畅，图文并茂，形象直观，古风古韵，格调高雅，具有很强的可读性、欣赏性、知识性和延伸性，能够让广大读者全面接触和感受中国文化的丰富内涵，增强中华儿女民族自尊心和文化自豪感，并能很好继承和弘扬中国文化，创造未来中国特色的先进民族文化。

2014年4月18日

礼亲王府

礼亲王府坐落于北京西城区西皇城根街西北，也就是大酱坊胡同东口路北。它始建于清顺治年间，为清朝礼亲王代善之孙杰书择地兴建。

该府规模宏伟，地域宽广，建筑布局与其他王府相同，是皇宫建筑的缩影。中路为主体建筑，东路为住宅，西路为花园。内有亭台轩廊、山石池沼等园林建筑。

清代第一王族礼亲王族

礼亲王府是清太祖努尔哈赤第二子、清初开国功臣爱新觉罗·代善的府邸。王府主要建筑分前后两组。前部有正门、正殿及其两侧翼楼，后殿及其两厢配殿。后部自成庭院，前为内门、前堂、后堂及其两厢配房，最后为后罩楼。

礼亲王家族的创始人爱新觉罗·代善，生于1583年，与兄长爱新觉罗·褚英，都是清太祖努尔哈赤的第一位大福晋佟佳氏所生，十四五岁时就被尊称为贝勒。

■ 努尔哈赤（1559—1626年），清王朝奠基者。努尔哈赤25岁时起兵统一女真各部，平定关东部。后建立后金，割据辽东，建元天命。1626年，努尔哈赤在与明军交战时受伤，于撤军途中伤重身死。其子皇太极改国号为"大清"并称帝后，追尊努尔哈赤为清太祖。

■礼亲王府大门

1607年，东海女真瓦尔喀部斐优城的首领策穆特赫来到了赫图阿拉，也就是后来的辽宁新宾县内，拜谒努尔哈赤说："吾地与汗相距路遥，故顺乌拉国主布占泰贝勒，彼甚苦虐吾辈，望往接吾等眷属，以便来归。"

此时的努尔哈赤正在壮大自身并着手统一女真期间，于是派他的三弟舒尔哈齐、长子褚英、次子代善与大臣费英东、扈尔汉、扬古利等，领兵3000人，往斐优城，迎接策穆特赫部众归附。

舒尔哈齐一行到达斐优城后，接收四周屯寨约500户。三位贝勒令费英东、扈尔汉带兵300人护送先行。不料此时的乌拉部贝勒布占泰得到消息，借助这机会想一举消灭努尔哈赤手下的这几个得力干将，所以命令将领博克多贝勒领兵1万余人，潜伏在图们江右岸的乌碣崖一带，突然冲出，拦路截杀建州部众人。

女真 生活于我国东北地区的古老民族。12世纪，女真族领袖完颜阿骨打建立金朝，13世纪被蒙古人所灭。"女真"在15世纪初期分为建州女真、海西女真、野人女真三大部。17世纪初建州女真部逐渐强大，首领努尔哈赤统一了女真诸部，于1616年建立了后金政权。

扈尔汉（1578—1623），父亲是扈喇虎，早年投奔努尔哈赤，努尔哈赤认扈尔汉为义子。扈尔汉为报养育之恩，每战必为前锋。后金开国后，扈尔汉名列开国五大臣之一，执掌镶白旗，在之后的战役中大破明军，历加世职至一等总兵官。

扈尔汉一面让护送的500户斐优城女真在山上安营扎寨，遣兵100卫守，自己率兵200与敌军列营相持，一面派人将乌拉拦劫之事回报三位贝勒。

第二天，三位贝勒领军赶到。面对大军突袭的严重威胁，褚英、代善对着全体官兵策马愤怒说：

> 吾父素善征讨，今虽在家，吾二人领兵到此，尔众毋得愁惧。布占太曾被我国擒捉，铁锁系颈，免死而主其国，年时未久，布占太犹然是身，其性命从吾手中释出，岂天释之耶？尔勿以此兵为多，天助我国之威，吾父英名夙著，此战必胜。

这番话，言语虽然不多，却大长了自己的志气，灭了敌人威风，对鼓舞士气有很大作用。当时建州军队只有3000人，乌拉军士兵多达万余，而且是早有准

■ 清代银鎏金凤冠

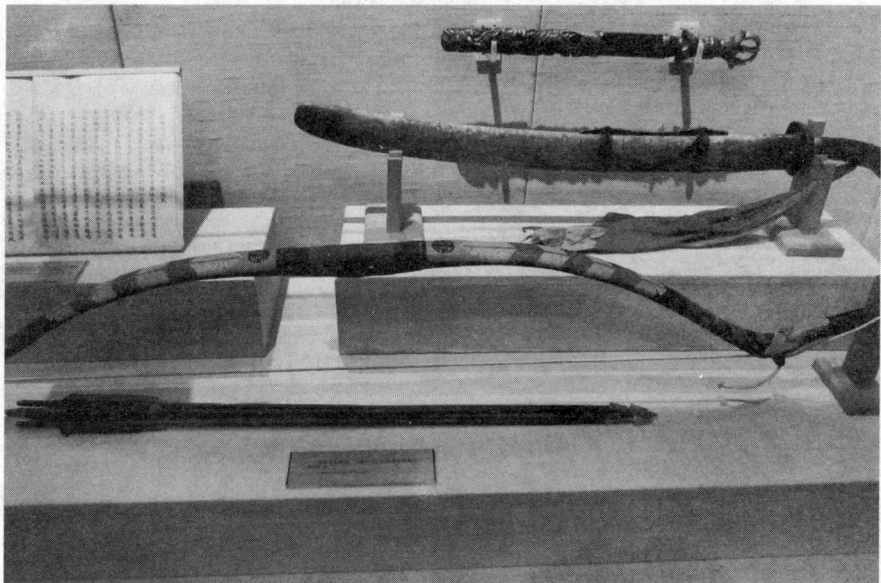

■ 清代武器

备，以逸待劳，双方实力对比相当悬殊，建州士兵能否冲破敌军包围安全返家，已是一大难题，要想打败对方，更是谈何容易。

褚英和代善的话无疑起了很大鼓舞作用，建州兵勇们齐声叫喊说，"吾等愿效死力""遂奋勇渡河"。

代善与兄长褚英乘机领军"登山而战，直冲入营"，大破乌拉兵。回师以后，努尔哈赤因代善"奋勇克敌"，斩杀了敌军统领，遂赐予代善"古英巴图鲁"美号。

"古英"是满文音译，意为"刀把顶上镶钉的帽子铁"，"巴图鲁"为英勇的意思，是勇士的美称，整体意思是，代善既英勇，又硬如钢铁，更是勇士之最。这个尊号，在整个清代，为代善所独有，可见努尔哈赤对代善的英勇给予了高度的嘉奖。

爱新觉罗·代善
（1583—1648），为努尔哈赤的次子。后来金政权建立以后，他被封为和硕贝勒，称之为大贝勒。在伐女真各部、征蒙古、攻明朝历次战役中，颇见其功。努尔哈赤死后，因拥立皇太极有功，后尊为礼亲王。

王府胜景

北京著名王府的景致

■皇太极（1592—1643），努尔哈赤第八子。1626年，继位后金可汗，改年号为天聪，史称"天聪汗"。1636年，皇太极在沈阳称帝，建国号大清，改年号为崇德，并以这年为崇德元年。皇太极在位17年，他确定了满族族名，为清王朝的确立和后来统一中国打下了坚实基础。

1613年，代善跟从努尔哈赤灭掉了乌拉，之后建立了后金，代善于1616年被封为和硕贝勒。

1618年，努尔哈赤率军攻伐明朝，行军两天遇到了大雨，天气状况恶劣，努尔哈赤于是考虑撤军。

代善说："我军已经进入了明边境，现在返回，难道要与其重修旧好？大军已出，如何回避？且雨又何害，反而能使敌人更加松懈。"

努尔哈赤听从了代善的意见，撤销了退兵的决定，下令前进，在第二天轻取抚顺，攻克了马根单、东州等城堡500余，俘获人畜30万，获得了征讨明朝的第一个大胜仗。在后金发展的重要关头，代善再建了奇勋。

1619年，代善在遵化围困了明朝将领刘之纶驻扎在山上的军队，攻破其7营。刘之纶逃入山中，代善追击，将其射杀了。

1621年，代善随着努尔哈赤过兴安岭，攻归化城。1623年，征伐明朝，出榆林口，至宣府边外，从喀喇鄂博分兵两处，攻克得胜堡。

刘之纶 明崇祯元年进士，后做庶吉士。1629年，他由庶吉士升为兵部右侍郎。当时后金侵掠京畿，刘之纶毅然请战，与后金开战。1630年，他被后金兵射杀。

1626年，太祖驾崩，代善与其子岳托、萨哈，与诸子立皇太极为汗，对清初政权的稳定过渡起了重要作用。而后，代善又大力支持皇太极的中央集权体制，主动放弃与皇帝同座分理政事的权力。

由于代善建立了不可磨灭的战功，以及他对皇太极的大力支持，1636年，代善被赐封为和硕礼亲王。

皇太极去世以后，代善与诸王一起拥立清世祖福临继位，代善又召集诸王、贝勒和大臣商议，以郑亲王济尔哈朗、睿亲王多尔衮共同辅政，以调和矛盾，兼顾对立双方的利益，平息了爱新觉罗家族内部的皇权之争。

之后不久，礼亲王家族发生了一件惨事，代善的儿子硕托、孙子阿达礼因被告发"密谋立多尔衮为帝"，代善大义灭亲，将一儿一孙双双处死。

清世祖福临 爱新觉罗·福临，皇太极第九子，是清军入关后第一位皇帝。他6岁继帝位，由叔父摄政，14岁时亲政。年号顺治，又称为顺治帝。清初满汉民族矛盾与阶级矛盾极为激烈，到顺治朝结束时，清廷击败了各种抗清势力，完成了全国的统一。

■清朝士兵蜡像

八大铁帽子王

在大清开国史上，有八位赫赫有名的王爷，他们不仅是皇帝的嫡系子孙，而且都曾对清朝开基创业或统一全国立有大功。他们爵位无论承袭多少代都永远不降，封建社会时称为"世袭罔替"，民间则俗称为"铁帽子王"，意思是他们的王冠永远不会被换掉。

■ 清代硬木宝座屏风

清朝统治者入关后，1645年初，多尔衮摄政，排斥代善，代善又年事已高，遂在家闲居。

1648年，代善病逝于北京，享年66岁，皇帝赐予祭葬，并立碑记功。在1671年，代善被康熙帝追谥为"烈"。

代善死后，他的第七子满达海世袭了爵位，以后就代代相传了。

代善倾尽自己的力量辅佐了清朝三代帝王，他效力于努尔哈赤帐下时军功卓著，后支持其弟皇太极继位并巩固政权，晚年主持世祖福临为帝，并不惜诛灭自己儿孙两代骨肉以挫败篡位的阴谋。他多次在历史关键时刻稳住了大局，维护了清王朝的统治。因此，在所有清朝亲王中，代善被列为首位。

礼亲王家族在清初的地位可谓显赫至极，代善共有8个儿子，其中有爵位者7人：岳托、硕托、萨哈璘、瓦克达、玛占、满达海、祜塞。祜塞初封为镇国公，后追封为惠顺亲王，之后世代儿孙都承袭其爵位。

礼亲王家族共传13代，14位后裔承袭爵位，其中两个被削爵，分别用过礼、巽、康3种封号，仅"八大铁帽子王"中，礼亲王家族就占有三席，分别是礼亲王代善、代善长子克勤郡王岳托、代善之孙顺承郡王勒克德浑，祖孙三代均是世袭，从没有替换过。

■ 清朝官员的官帽

另外，礼亲王家族还有两人被封为郡王，一人封为贝子，一人封为辅国公。

在代善之后，家族一直兴旺，贯穿于整个清朝始终，在后来世袭的亲王中，人才济济，武士与学者辈出。礼亲王家族堪称"清朝第一王族"，其他家族简直遥不可及。

满达海 清初将领，清太祖努尔哈赤之孙，礼亲王代善第七子。代善死后，袭爵位为礼亲王，后改封为巽亲王。满达海死后被追论前过，削其谥号，降爵为贝勒。

阅读链接

睿亲王多尔衮辅佐顺治皇帝执政时，因矛盾重重，叔侄关系转化为政敌的关系。而代善第七子满达海生前曾多次谄媚多尔衮，为此，满达海被年轻的顺治皇帝降为贝勒，其世袭亲王爵位也被剥夺。

这一爵位收回后，按制应转归代善其他直系后裔继承，因此爵位就幸运地落到了代善的孙子杰书头上。这样，16岁的杰书晋封为和硕康亲王，登上了贵族爵位的最高台阶。

京城规模最大的礼亲王府

  1659年，代善所遗亲王爵位由代善之孙杰书承袭，仍沿用原封号康亲王。之后，杰书新修康亲王府，也就是后来的礼亲王府。

  其后，康熙年间也有大规模扩建，扩建之初，康熙帝曾下旨命天下资助，陈设也由各地官员献纳，所以礼亲王府的豪华都是其他王府所不能比的。

■清代鎏金滴水

当时，整座礼亲王府呈长方形，规模雄伟，占地宽广，重门叠户，院落深邃。在清代所建的诸多王府中，礼亲王府为京城规模最庞大的建筑群落。根据《乾隆京城全图》记载，礼亲王府分中、东、西三路，中路为主体建筑，有府门、宫门、银安殿，殿前有丹墀；有两侧翼楼、后殿、两侧配殿；有启门、神殿前出轩、两侧配殿；有遗念殿、两侧转角配房、后罩房，共有房屋五重、院七进。

■ 清代铜辅首

东路由十二进院落组成，是王爷和其家人休息的房间。西路由花园、屋宇等十一进院落组成，亭台楼阁错落有致，设计十分巧妙。整个王府共有房屋和廊庑等480多间。

礼亲王府的修建者杰书是代善的孙子，也是清朝名将，在康熙朝曾任奉命大将军，曾经率兵征讨三藩之乱，在征讨驻福建的靖南王耿精忠和防范厄鲁特蒙古准噶尔部首领噶尔丹的战役中屡建战功。

杰书在顺治年间就已经晋升为亲王了，而他真正成名却是在康熙年间。驻云南的平西王吴三桂和耿精忠叛乱后，康熙帝急需在亲族中找一位智勇双全的亲王领兵作战。

安亲王岳乐，不仅威望高，而且身经百战，是首

安亲王岳乐 爱新觉罗·岳乐，清太祖努尔哈赤之孙。是顺治、康熙两朝功勋卓著的亲王，为清朝入关后的稳定与发展作出了重要的贡献。岳乐一生最大的功绩，是在荡平"三藩"的战争中立有大功。

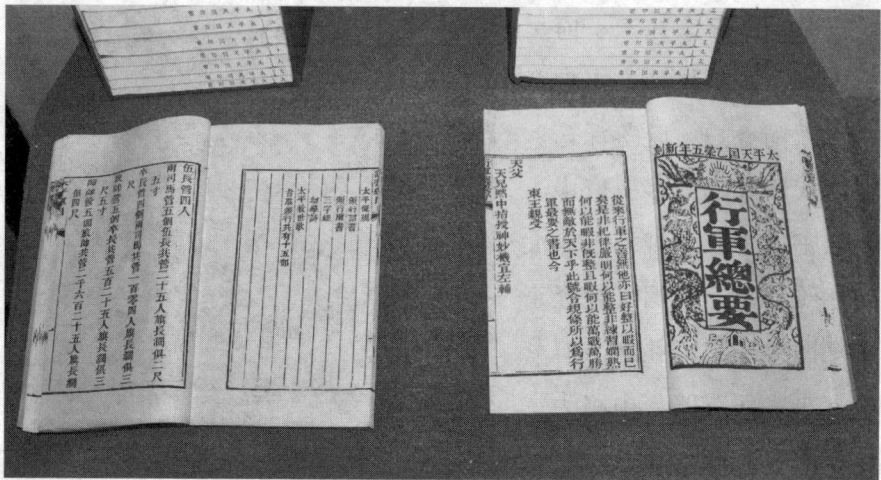

■清代兵书

昭梿 字汲修，自号汲修主人。是代善的第六世孙。昭梿勤于笔耕，他留给世人的是一部很有名的笔记——《啸亭杂录》，书中记载了大量清朝典故、满族习俗和贵族官员的逸闻逸事。

郑锦 又名郑经，郑成功的长子，字符之，号式天，乳名锦。继承父亲延平郡王、招讨大将军的官爵；在英国东印度公司的记录中被称为"台湾国王"。1662年，郑成功死后，郑锦接替带领军队。

选之人。但面对从云南和福建两路杀来的叛军，仅岳乐一人恐怕不能兼顾，这样，康亲王杰书就脱颖而出，被封为奉命大将军，率师讨伐耿精忠。

杰书率军抵达浙江金华时，浙江温州、处州已经失守，耿精忠的大将率5万大军强攻金华。战争一经打响，康亲王的军事才能便显露了出来。清军在他的指挥下屡战屡胜，收复诸多州县。

1676年，杰书率军移师浙江衢州途中遭到伏击，与叛军短兵相接。杰书此时正在军中，他的大旗被敌人的火器打烂了，炮弹不断在他身边爆炸，亲兵从附近破庙中拆来门板，为杰书遮挡。

但是，杰书毫不畏惧，他指挥作战谈笑自若，使士兵深受鼓舞，大家奋力拼杀，残酷的战斗使双方伤亡惨重，鲜血染红了河水，最终大败叛军。随后，杰书令大军偃旗息鼓，一日夜急行军数百里，攻克了江山城。

不久，耿精忠无力抵挡清兵的攻势，被迫投降。

但是，东南的战事并没有结束，台湾的延平郡王郑锦还盘踞在金门和厦门一带。

于是，杰书马不停蹄，率百战之师与刚刚投降归顺的耿精忠部队横扫金门和厦门两地，将郑锦的残军赶回了台湾，彻底平定了东南各地。杰书凯旋之时，康熙帝亲率诸王和大臣到卢沟桥迎接。

1697年，康亲王杰书病逝。他对清王朝的主要功绩是平定了耿精忠的叛乱，使清朝的统治得以继续稳定地发展下去。

1805年，世袭爵位的第九代礼亲王昭梿在官场颇不得志，后因凌辱大臣被夺去了爵位，并被圈禁了起来，后来嘉庆帝才将其释放。

尽管昭梿不适合做官，但他却是清朝著名的艺术家和诗人，他自号"汲修主人"，一生潜心研究清朝的政治、军事、文化和典章制度，学术上颇有造诣，

世铎 礼亲王代善九世孙，1850年袭礼亲王。同治年间，授内大臣、宗人府右宗正、宗令。光绪帝亲政期间，世铎请解军机大臣职，慈禧太后不允。1901年，任宗人府宗令。1911年，任皇族内阁弼德院顾问大臣。1914年卒，谥号恪。

■清代三扇中堂屏风

著有流传后世的史料著作《啸亭杂录》和《啸亭续录》，两部著作严谨精良，颇有影响，是后世史学家研究清史的重要资料。

1807年，礼亲王府失火，于是，在清仁宗嘉庆帝的垂怜下，昭梿又依照礼亲王府原样进行了重建。重建后的格局保持到了清末。

末代礼亲王叫世铎，在同治年间先后担任内大臣和右宗正等职务，参与处理军国大事，被赠与亲王的双重俸禄。然而，随着大英帝国的入侵，清王朝便渐渐走向了没落，礼亲王家族也从世铎之子这一辈开始衰落。

在20世纪初期，礼亲王后裔沦落到变卖府邸房产和居无定所的地步，从此销声匿迹。礼亲王家族从1636年至1914年，辉煌的家族历史共延续了279年。

代善自从跟随父亲努尔哈赤打下江山，到他鞠躬尽瘁辅佐清朝三代君主后功成身退，以及他带给后代延绵数百年的显赫家族，都化为了历史的灰烬。

阅读链接

礼亲王府还有一个花园在北京市海淀区，始建于清康熙年间。当初花园分前园和后园。前园雕梁画栋，亭台楼阁无一缺余。后园以叠石假山，将各个景区分隔开来。花园规模很大，占地约33000多平方米，全园布局分3部分，即寝居室、山林野景区和园林区。

园中主要景物系以叠山取胜，建筑布局以对称为特点。造园手法，有聚有散，散聚结合，前园严谨，后园活泼，颇有幽趣。园中建有月台一座，四周缘以白石雕栏，台上西部叠置台山一座，高低错落有致，玲珑得体，确为园中之佳品。

郑亲王府

　　郑亲王府位于北京西城区大木仓胡同，是清代开国元勋爱新觉罗·济尔哈朗的府邸。该府建于清顺治年间，因自恃战功卓著，力求巍峨而超了王府规制。建筑布局分为东、中、西三路，花园居西。

　　1748年，因第七代郑亲王被斥革，乾隆帝命济尔哈朗之弟费扬武裔孙德济承袭。德济对于郑王府的贡献，在于园林建设，致使"惠园"成为北京所有王府花园之冠。

北京市文物保护单位
郑王府

战功卓著的始王济尔哈朗

清军入关定都北京之初，王爷们纷纷在京城建立王府，郑亲王府就兴建于清入关之初。爱新觉罗·济尔哈朗在大木仓胡同建造了规模庞大、装饰华丽的郑亲王府。

此处原是明初姚广孝的府第，清军入关后，顺治帝因郑亲王济尔哈朗拥护帝有功，将此府赐予郑亲王，加以扩建和改造而成郑亲王府。

整座郑亲王府坐北朝南，布局自东而西分3部，东部前部突出，是王府主要殿宇所在；中、西部概因随街

■姚广孝（1335—1418），元末明初政治家、高僧，出自显赫的家族。1352年出家为僧，法名道衍，字斯道，自号逃虚子。明成祖朱棣自燕王时代起的谋士，帮助朱棣得到皇位。

势退缩，中为另一院落和西部花园范围。

郑亲王府正门为5间，是王府的正式入口，门外两侧有狮子蹲守，因此该院子叫狮子院。因建于清初，所以正门带有关外满洲宫室的特点，沈阳故宫的大清门作为"国门"也不过是五间硬山式。

郑亲王府的5间临街大门，是很多王府都没有的，是倒坐面北的房子，因为王府的这个狮子院通常很霸道，把旁边胡同完全占据，老百姓只能绕道走。

郑亲王爱新觉罗·济尔哈朗是清太祖努尔哈赤的侄子，为舒尔哈齐的第六子，他是清初名将，清王朝创建者之一。他战功卓著，是开国元勋，是清初著名的"八大铁帽子王"之一。

济尔哈朗13岁时，父亲舒尔哈齐就去世了，他便由伯父努尔哈赤收养。济尔哈朗生活在努尔哈赤的宫中，自此跟随努尔哈赤、皇太极南征北战。

■沈阳故宫 原名盛京宫阙，后被称为奉天行宫。其始建于1625年，初成于1636年。1644年，顺治皇帝移都北京后，成为"陪都宫殿"。沈阳故宫的大清门又称"午朝门"，是正门，绿边黄琉璃瓦硬山顶，面阔5间，中央3间为门道。门外左右为文德、武功两座牌坊。

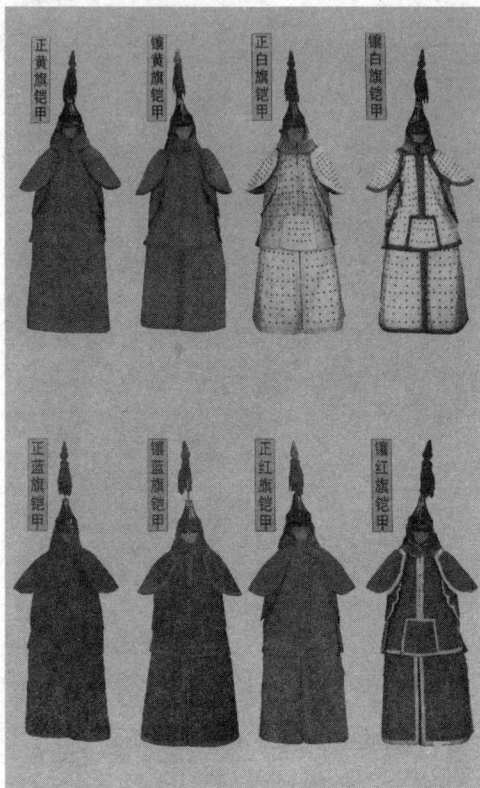

正黄旗铠甲　镶黄旗铠甲　正白旗铠甲　镶白旗铠甲

正蓝旗铠甲　镶蓝旗铠甲　正红旗铠甲　镶红旗铠甲

■ 清朝八旗铠甲

林丹汗 是蒙古察哈尔部的最后一任大汗。他为了巩固以自己为中心的地位，在当初辽庆州的旧址上修建了瓦察尔图察汉城，以此地作为整个蒙古的政治、军事、经济、文化的中心，在直接控制着内喀尔喀巴林等5部的同时，也遥控蒙古其他部落。

济尔哈朗与努尔哈赤的儿子们关系很好，与皇太极的关系更是非同一般，因此他才会在父兄反叛后依旧受到信任和重用。

1625年冬，努尔哈赤为争取蒙古各部早日归附，消除来自西北的威胁，决定征伐原来追随察哈尔部林丹汗的蒙古各部，派济尔哈朗等人率领后金大军前往征剿。

1626年，济尔哈朗先后征服了喀尔喀、巴林、扎鲁特等部，使之脱离了林丹汗的控制，为清王朝统一漠南蒙古扫清道路，济尔哈朗也因战功卓越被封为和硕贝勒。

1627年，济尔哈朗同贝勒阿敏、岳托、阿济格等人征伐朝鲜，一路长驱直入，杀至朝鲜平壤城下。朝鲜国王李倧无奈中只能派遣使者向清军队请求议和，阿敏不同意，仍想继续进攻朝鲜的国都。

岳托邀请济尔哈朗等人商议，济尔哈朗与岳托一样都不同意这么做。于是对兄长说："我们不宜深入敌后，应当驻兵在平山以等待议和的达成。"

于是带领军队前去和朝鲜王交谈，今后朝鲜每年应该向清进贡物品，和议达成之后，清军才撤军而回。

1627年3月，济尔哈朗随从皇太极攻打明朝，围攻辽宁锦州。济尔哈朗偕同贝勒莽古尔泰等率领一支部队截击锦州塔山的明朝运粮队，击败了明兵。

之后又移师前往辽宁宁远，与明总兵满桂的军队相遇。两军进行了猛烈的战斗，济尔哈朗在战斗中负了伤，但是他只是稍微包扎了一下伤口，就重新投入了战斗，继续作战，士兵被他的勇气所鼓舞，拼死奋战，最终打败了满桂的军队。

1628年5月，因为蒙古的固特塔布囊从察哈尔移居到阿拉克绰特部的旧地，凡是有依附清的人一概杀死，公开和清作对。于是济尔哈朗和贝勒豪格前往讨伐固特塔布囊，大败其军，将其斩杀，收降了他的部众。

1629年8月，济尔哈朗同贝勒德格类、岳托和阿济格等再次攻打明朝的锦州和宁远，烧毁了明军囤积

花园之冠

郑亲王府

■明代士兵铜像

刘兴祚 由于表现出众，深得努尔哈赤器重与赏识。他参与了后金进攻明朝挺进辽沈之战，以击敌、追逃等功授备御，并迅速高升，直至副将，成为后金国中声名显赫的汉官。刘兴祚后来走向弃金归明的道路，事泄失败后，被杀。

在那的所有物资粮食，而且还抓获了许多明军士兵。

1629年10月，皇太极亲自率军从河北遵化的洪山口进入明境作战。济尔哈朗同岳托奉命攻打遵化的大安口，他的军队乘夜毁掉了水门前进，击退了明军马兰营的援兵。

第二天一早，济尔哈朗就发现明兵立了两座营寨在山上，于是他率军进攻山上的明军，击破了明军的两个营寨，然后督兵追击明军的溃兵至马兰营。这一天济尔哈朗从早上到中午时，连战5次，5战皆捷，迫降了马兰营、马兰口和大安口3营的明军。

之后，济尔哈朗又引军攻打河北石门寨，明军多次派兵救援都被他所败斩杀，寨中的军民只得出城投降。于是济尔哈朗就与皇太极的大军会师于遵化，进逼明都北京。济尔哈朗与贝勒阿巴泰进攻通州，烧毁

■满代骑兵

■ 皇太极调兵信牌

了明军的船只，攻克了张家湾。

1630年正月，济尔哈朗又随从皇太极出征，兵围永平城。在这之前，内部将领刘兴祚背叛清军归顺了明朝，与明朝巡抚袁崇焕一起进驻永平城，他们听说清军大举来犯，就撤退到了太平寨。路上还杀死了喀喇沁蒙古前往清军大营献俘的士兵。

这一行为惹怒了皇太极，他派济尔哈朗与阿巴泰前往追捕，他们一路追赶至山海关，斩杀了叛将刘兴祚，俘获了他的弟弟刘兴贤。这时大军攻克了河北永平，济尔哈朗与贝勒萨哈璘奉命驻守城中。

在这段时间里，济尔哈朗检查仓库，检阅士卒，设置官吏，又招降了明朝的道员白养粹，废员孟乔芳和杨文魁等。济尔哈朗又派人传檄文书至河北滦州和迁安，降伏永平所属的州县。

于是，滦州同知张文秀和迁安县令朱云台、副将王维城、参将马光远、守备李继全、千户钱奇志等相

巡抚 官名。我国明清时地方军政大员之一，又称抚台。是巡视各地的军政、民政的大臣。清代巡抚主管一省军政、民政。以"巡行天下，抚军按民"而名。清代巡抚是一省最高军政长官具有处理全省民政、司法、监察及指挥军事大权。

■ 被誉为"天下第一关"的山海关

祖大寿 吴三桂的舅舅，1631年，祖大寿筑大凌河城。皇太极兵围大凌河，祖大寿弹尽粮绝，开城投降。但他趁机跑到锦州，又把锦州死守起来。1642年，锦州被清军围困年余，粮尽援绝，祖大寿再次降清，入关后任总兵。1656年病卒。

继投降。3月，皇太极命阿敏和代善之子硕托戍守永平，于是济尔哈朗引师还京，路上还招降了滦州西北的榛子镇。

1631年7月，皇太极初设6部，济尔哈朗受命掌管刑部事务。8月，济尔哈朗随同皇太极出兵围困辽东的明朝大凌河城，济尔哈朗督镶蓝旗兵围攻城的西南，不久攻占近城的城堡。

11月，明朝总兵祖大寿献城投降，班师之前，济尔哈朗前往锦州塔山东沿海截隘，俘虏了数百人。

1632年5月，济尔哈朗从征察哈尔，林丹汗逃逸，大军驻扎在穆噜哈喇克沁。济尔哈朗与岳托率右翼兵进攻蒙古归化城，收降了察哈尔部1000余人。

1636年4月，济尔哈朗应军功累积，晋封为和硕郑亲王。1638年5月，济尔哈朗领兵攻打辽宁宁远，明军十分恐惧，不敢出城作战。于是，济尔哈朗转而进攻模龙关及五里堡屯台，并攻克了两地。

1639年5月，济尔哈朗统兵攻略锦州和松山，与明军大战9次，9战皆捷，俘获明兵3000余人。1640年3月，奉命修整义州城，驻扎屯田，以便为攻打锦州作准备，皇太极十分满意，亲自登城视察。

这时，原来依附于明朝的蒙古多罗特部苏班岱和阿尔巴岱，居住在杏山西五里台，派使者托克托前往联系，请求带领30户前来归顺。

皇太极于是命济尔哈朗同多铎郡王和阿达礼率师1500人前往迎降。临行前，皇太极训话说："明兵见我兵少，必定前来交战，我军可分为三队应敌，前队交战，后队接应。"

于是，济尔哈朗等人遵照皇太极的旨意，乘夜经过锦州城南来到杏山。然后派遣苏班岱的使者前去偷偷告诉苏班岱等人携带归顺的户口和辎重等上路。

天亮时，明军杏山总兵刘周智沿杏山城扎营，与锦州和松山的守将合兵分翼列阵，七千分翼列阵逼攻清师。济尔哈朗纵师杀入敌阵，冲乱明军阵型大败明军，又追杀至城下攻破了两个明

■ 皇太极塑像

爱新觉罗·皇太极
1592-1643

花园之冠

郑亲王府

■ 清郑亲王

笃恭殿 俗称八角殿，始建于1625年，是努尔哈赤营建的重要宫殿，是沈阳故宫内最庄严最神圣的地方。初称大衙门，1636定名笃恭殿，后改大政殿。此殿为清太宗皇太极举行重大典礼及重要政治活动的场所。1644年，顺治帝福临在此登基继位。

军营寨，同时斩杀了明副将杨伦周和参将李得位。

得胜后，济尔哈朗将所获的马匹和器械献给了皇太极，得到了赞扬和赏赐。

9月，济尔哈朗同武英郡王阿济格等人围攻锦州，城中的守军多次出来攻打清军。于是济尔哈朗将计就计在城南设伏，等待明军出城。

明军出城后发现有埋伏就立刻撤退，清军追击斩杀明军数十人。同时济尔哈朗又派辅国将军务达海截获了明军的粮车。

之后，清军再次围困锦州，围绕锦州建立8个兵营，掘壕筑垒，来长久围困祖大寿。祖大寿在城中派蒙古兵守外城，由于济尔哈朗对蒙古军策反，结果，蒙古将领台吉诺木齐和吴巴什等投降，遣人约好时间献出东关。

不过到了预定的时间被祖大寿发觉，清军由蒙古军从城下用绳来上城与蒙古军内外夹击明军，占据了外城，明军被迫退入内城。

接着，济尔哈朗迁城中的蒙古军6000人到义州，收降明将都司、守备以下80余人。皇太极特别在笃恭殿宣布捷报，以示重视。后又败明援兵6万人于松山北岗，斩首2000人。

1643年8月，清世祖顺治帝即位，济尔哈朗奉命与睿亲王多尔衮一同辅政。9月，他们攻打辽宁宁远，攻克中后城，斩杀了明当时的总兵李辅明和袁尚仁。

1644年5月，睿亲王率师入山海关，攻克京师，定都北京。10月，封济尔哈朗为信义辅政叔王，赐金千两、银万两、缎千匹。

1647年2月，济尔哈朗因建筑府第逾制，擅自使用铜狮、铜龟、铜鹤，被罚银2000两，罢免辅政职务。

1648年3月，贝子屯齐、尚善和屯齐喀等诬告济尔哈朗，说当清太宗皇太极初丧时，济尔哈朗不举发

务达海 爱新觉罗氏，世称襄敏贝子。务达海是清太祖努尔哈赤的侄子，父亲是穆尔哈齐。太宗皇太极即位后，授予他牛录章京的官爵。

■皇太极腰刀

何腾蛟（1592—1649），字云从，贵州黎平府人。南明重臣，著有《明中湘王何腾蛟集》一卷，兵败被俘自杀，保持了民族气节。传说何腾蛟诞生之时，乡里人"忽见金色双鲤飞入何宅，顷刻消失，人皆以腾蛟为井里神鱼所化生"。传说神异，可见乡里人对腾蛟的敬重。

两黄旗大臣谋立肃亲王豪格，以及扈从入关，擅自令两蓝旗越序立营前行。

议罪当死，遂兴大狱。勋臣额亦都、费英东和扬古利诸子侄皆受到牵连。后从轻发落，降为多罗郡王，肃亲王豪格则被幽禁。

4月，复其亲王爵。9月，济尔哈朗被授予定远大将军，率师南下湖广。10月，道经山东，镇压了曹县的抗清义军，俘获了义军首领李化鲸和李名让等，同时还得到了降将刘泽清的反叛罪证，将其诛杀。

1649年正月，济尔哈朗从安陆府渡口，进抵长沙。当时，明总督何腾蛟，总兵马进忠、杜允熙、陶养用、王进才、胡一青等，联合李自成余部一只虎以及逃散剩余的农民军占据湖南。

济尔哈朗分军进击，令顺承郡王勒克德浑、都统阿济格和尼堪为前哨，大军断后，循序推进。进抵湘潭，生擒何腾蛟。

■ 清朝骑马士兵塑像

■ 清代中式建筑

4月，又分兵奔永兴，打退杜允熙，到达辰州，一只虎看到清军势如破竹就连夜遁走。济尔哈朗派尚阿哈同尼堪攻克宝庆，又派兵连破南山坡、大水、洪江诸路兵马共28营。

7月，分兵镇压靖州，进攻衡州，斩杀陶养用。击破胡一青的7座营寨，一路逐敌至广西全州，分军平定了道州、黎平府及乌撒土司，先后攻克了60余城。

1650年正月，班师还朝，论功行赏，顺治赐给济尔哈朗黄金200两、银2万两。3月，顺治以济尔哈朗年老，免去朝贺、谢恩行礼。1652年2月，晋封叔和硕郑亲王。

1655年5月，济尔哈朗因病去世，葬于北京西直门外白石桥，终年57岁。顺治为此辍朝7日，赐葬银

礼 在我国古代中，礼是社会的典章制度和道德规范。作为典章制度，它是社会政治制度的体现，是维护上层建筑以及与之相适应的人与人交往中的礼节仪式。"礼"作为道德规范，它是领导者和贵族等一切行为的标准和要求。

■ 明末清初士兵用的铁索甲

万两，置守坟园10户，立碑记功。

综观济尔哈朗一生，可谓跌宕起伏。他因为从小与清太宗皇太极一起长大。太宗即位后，他更是多次担当重任，仕途一路通顺。

但是随着多尔衮得势，济尔哈朗的命运又有所转变，所幸的是他并没有和多尔衮有直接冲突，最终依靠军功东山再起。

顺治帝掌权后，对齐尔哈朗更是礼遇有加，官位也是越来越高，直到死后也是极尽哀荣。子孙由此繁荣昌盛，成为舒尔哈齐家族中最强盛的一支。

阅读链接

清朝王公大臣的宅第营建，均有定制，如基址过高或多盖房屋皆属违法。贵族在进入北京之后大兴土木、建造府第，清廷对宗室的封爵和府第建筑有严格的等级差别，并且作了明确的规定，对施工加以严格限制："王府营建，悉遵定制。如基过高，或多盖房屋者，皆治以罪。"

不过，与同类案例相比，郑亲王济尔哈朗的府第逾制之罪被处罚甚轻，只是被罢免了辅政王，但不足一年就恢复了王爵的地位并委以重任。

其中重要的原因是，济尔哈朗一向忠勇，素无谋反之心，况且清朝在开国之初，立足未稳，还需仰仗济尔哈朗在政治和军事上的卓越才干。

被称第一花园的郑亲王府

郑亲王一系共有郑、简两个封号，共封袭10代26王。济尔哈朗第一子富尔敦于1651年去世。第二子济度曾命为定远大将军，1657年袭爵，改号简亲王。

第五位郑亲王雅布是济度的第五子，于1683年袭简亲王，1690年随恭亲王常宁出征噶尔丹，1696年跟随康熙帝亲征，1699年掌宗人府事，1701年卒，谥"修"。

■康熙帝（1654—1722），清圣祖仁皇帝爱新觉罗·玄烨，清朝第四位皇帝，也是清定都北京后的第二位皇帝。年号康熙。是中国历史上在位时间最长的皇帝。他是我国统一多民族国家的捍卫者，奠定了清朝兴盛的根基，开创出康乾盛世的大局面。

■ 郑亲王府的前堂

费扬武 和硕庄亲王舒尔哈齐的第八子，郑献亲王济尔哈朗之弟。1636年，跟从大军伐明，攻克10座城。不久率兵攻伐朝鲜。叙功时，被封为固山贝子。后被追封为贝勒，朝廷予以谥号为"靖定"。因其曾孙德沛承袭简亲王爵位，复追封为简亲王。

第八代郑亲王德沛是济尔哈朗之弟费扬武的曾孙，因前两任简亲王雅尔江阿和神保住先后因饮酒废事和虐待家人被革爵。

德沛于1735年授镇国将军，清世宗雍正帝召见他，问所欲，德沛答道："愿厕孔庑分特豚之馈。"意思就是愿百年后在孔庙中食块冷肉。

雍正帝见其谈吐不俗，胸怀宽广，从此对他格外重视，后逐渐提拔重用，官至兵部侍郎。

乾隆帝即位后，对德沛更加委以重任，先后授古北口提督、甘肃巡抚、湖广总督、闽浙总督等地方要职。

德沛任地方大员期间，操守廉洁、打击腐败、爱护百姓、政绩卓著，而且他尤其注重教育，每到一处必设书院讲学，有"儒王"的美誉。

自郑亲王府建成以后，历代袭王均有所修缮或扩建，但最重要的是德沛在乾隆年间对府邸西部花园的扩建，相传系清初著名文人李渔设计，园名"惠园"，当年曾是京师王邸花园中的佼佼者，有"京城第一花园"之称。

在郑亲王家族中，除始王济尔哈朗和第八代的德沛外，最著名的是十三代郑亲王端华，他作为道光和咸丰两朝的顾命大臣，可谓声势显赫，权倾朝野，是晚清历史上一位颇有影响的重要人物。

特别是咸丰年间，刚继位的咸丰帝为了打击把持朝政达20多年之久的军机大臣穆彰阿集团，便倚重郑亲王端华等倾向于己的王公大臣，从而顺利地将朝政大权收归己有。

由此，郑亲王端华更加得到咸丰帝的信任，并借机将自己具有干练之才的六弟肃顺推荐给了咸丰帝，以此加强其在咸丰朝的势力。

李渔 明末清初文学家、戏曲家。他一生辛勤笔耕，创作了许多作品。他还是位杰出的园林艺术家，具有独特的园林美学风格。他先后在南京、北京、杭州等地营造过芥子园、惠园、半亩园、层园等，表现了因地制宜、经济实用、崇尚自然、注重变化的园林美学风格。

■咸丰帝（1831—1861），爱新觉罗·奕詝，即清文宗，通称为咸丰帝。生于北京圆明园，1850年至1861年在位。咸丰帝继位以后，重用汉族大臣，严惩贪污腐败，改革力度超过了嘉庆帝、道光帝两代君主。但最终没能挽救清朝的衰落。

王府胜景

北京著名王府的景致

当然，咸丰帝对于端华和肃顺兄弟二人也十分倚重，特别是在1860年英法联军攻陷北京后，咸丰帝在逃到承德避暑山庄行将驾崩前，就曾任命包括端华和肃顺两人在内的八名"赞襄政务大臣"，也就是通常所说的"顾命大臣"。

然而，端华等八位顾命大臣由于与两宫太后——慈禧太后和慈安太后，及当时留守在京的恭亲王奕訢在权力分配上产生矛盾，被慈禧太后等人抢先发动"辛酉政变"而遭到逮捕。

随后郑亲王端华和第六代郑亲王载垣被革除爵位并赐自尽，而那位徒有干练虚名的郑亲王六弟肃顺则被押赴北京菜市口斩首示众，其余五位顾命大臣也被革职或充军发配。同时，郑亲王府家产被查抄，府园被内务府收回。

清朝覆亡后，王府失去俸禄，经济随即陷入困

■ 郑亲王府的府门

■ 郑亲王府逸仙堂

境，末代郑亲王昭煦曾以王府为抵押向西什库教堂借款。1925年6月，借款到期，昭煦无力归还，于是，将王府房地产抵押给西什库教堂。

郑亲王府现在的准确位置在西城区大木仓胡同35号，西单商场西侧，东邻大木仓北一巷，毗邻辟才胡同和二龙路西街。

二龙路旧称"二龙坑"，因靠近元代郭守敬开掘的引水工程金水河，曾有积水形成的两个大水坑而得名。后改称二龙路。二龙路西街及东邻的大木仓胡同，在清代都是郑亲王府的地盘。

郑亲王府正门虽然朱漆有所剥落，但仍能彰显出深宅大院的气派。王府旧址内现存建筑除二宫门、前殿、后殿等几处大型古建外，整体只东部残留，有街门，面阔3间，正门面阔5间，前出踏步之间，浮雕丹陛犹存。正殿面阔5间，台阶间亦存丹陛，并存东配

载垣（1816—1861），康熙帝第十三子胤祥的五世孙，铁帽子王。1825年，他袭爵怡亲王，曾在御前大臣行走受顾命。咸丰帝即位后，渐受重用。咸丰帝死，他与端华、肃顺等八人同受顾命，为赞襄政务王大臣，掌握实权。慈禧太后发动政变，令其自尽，终年46岁。

郑王府的后门

楼面阔5间，西配楼只剩靠北面阔3间。

从院门进去，左侧有一进四合院，是旧王府后寝所在，正房修饰一新。最后为正寝，面阔5间。其中面阔7间、上覆绿琉璃瓦的后殿的"逸仙堂"保存完好，当年由谭延闿题写的"逸仙堂"匾额仍悬挂在后殿的屋檐下。

府内其余各处仍残存几处建筑，岁月沧桑，府墙已不存。原有的后罩楼和一些附属建筑被拆除。除了正门与正门所见的"和乐堂"的正殿与后院"逸仙堂"，王府里的建筑多被拆除，所剩无几。

郑亲王府的西边就是原王府"惠园"的遗址，曾有"京师第一"美名的王府花园早已荡然无存。再往西边的二龙路西街，旧名王爷佛堂，是郑亲王府的家庙。

王爷佛堂院内尚遗存一株名贵的楸树，足有五层楼高。每逢初夏，这株古楸就开满淡紫色的喇叭状小花，堪称美景。

阅读链接

后来，郑亲王府原有的后罩楼和一些附属建筑已经无存，西部花园现另建二龙路中学。郑亲王府今为北京市重点文物保护单位。

郑亲王府基址现在是一些教育机构办公的所在地。其余部分整修为活动中心和小商店。郑亲王府规模宏大，是清代的"四大王府"之一，即便是现今仍能以其现貌，窥见它当年的雄伟。

睿亲王府

　　在北京的睿亲王府共有两处：一处是位于东华门外南池子以东的老睿亲王府，一处是位于东城区石大人胡同中间路北的新睿亲王府。

　　前者是第一代睿亲王多尔衮的府邸，后者是乾隆年间恢复睿亲王爵位后其后嗣子孙的府邸。

显赫一时的睿亲王多尔衮

睿亲王府位于南池子东侧南宫也就是重华宫旧址。南宫在明代时为皇城东苑，占地1万平方米，是太子居住的地方。

明英宗受太监王振的蛊惑，御驾亲征，不想在河北怀来的土木堡被蒙古瓦剌部俘虏，幸好当时的大臣于谦挺身而出，拥戴郕王朱祁钰为帝，即景泰帝，不理睬蒙古瓦剌部的要挟，蒙古瓦剌没有办法，只好把明英宗又放回来了。

可是这里已经有了一个皇帝了，怎么办？于是，于谦就将英宗

■明英宗（1427—1464），朱祁镇，明朝第六位皇帝。9岁即位，年号正统。后瓦剌入犯，听从王振之言亲征，抵土木堡兵败被俘。郕王朱祁钰被拥立为帝，改元景泰。1451年，英宗被释回京，软禁于南宫。1458年，英宗的手下将领发动夺门之变，英宗复位，改元天顺。

■ 多尔衮（1612—1650），完成大清一统基业的关键人物，清朝入关初期的实际统治者。1626年封贝勒；1636年因战功封和硕睿亲王；1643年辅政，称摄政王；1644年指挥清军入关，清朝问鼎中原，先后封叔父摄政王、皇叔父摄政王、皇父摄政王，1650年去世。

睿亲王多尔衮

朱祁镇以太上皇的名义囚禁在小南城重华宫里。

过了几年，景泰帝病了，一些居心叵测的大臣趁此机会拥戴英宗复辟，反而把景泰帝送到了重华宫。不料，没有过去几天，景泰帝就突然因病离开了人世。

到了清代，南宫又成为多尔衮的摄政王府。多尔衮利用了重华宫旧址，将摄政王府建造得宏伟壮丽，甚至超过了皇宫。王府的地基高于地面很多，加之殿宇宏伟，四周绕以36根檐柱，檐椽为3层。

爱新觉罗·多尔衮是清太祖努尔哈赤的第十四子，多尔衮初封贝勒，他是皇太极之弟，母为努尔哈赤大妃阿巴亥。

多尔衮的母亲阿巴亥是个非同寻常的女子，在努尔哈赤晚年纷繁复杂的储位之争中，原居侧福晋之位的阿巴亥曾与皇太极联手诬告大福晋富察氏与太子代善私通等罪。

这一举动达到了一石二鸟的目的：与皇太极争位的主要对手代善被废太子之位，另一对手莽古尔泰遭到了惨重打击；大福晋富察氏被努尔哈赤休弃，阿巴

代宗景泰帝 朱祁钰，明朝的第七位皇帝。明英宗被蒙古瓦剌部俘去之后继位，重用于谦等人组织北京城保卫战，打退了瓦剌的入侵。即位后整顿吏制，使吏治为之一新。在位8年，病中因英宗复辟被废黜软禁而气死，终年30岁。

■ 二龙争斗石雕

莽古尔泰 清太
祖努尔哈赤的第
五子，爱新觉罗
氏，努尔哈赤的
第二位福晋富察
氏所生，后金的
四大贝勒之一。
少时跟随努尔哈
赤征伐乌喇部，
英勇善战，连克
6城。1619年，
参加了萨尔浒大
战，太宗即位
后，数次进攻明
军，屡立战功。
1632年卒。

亥借此晋升为努尔哈赤的第三大福晋，同时，其子多
尔衮兄弟地位急速上升。

1626年，多尔衮晋封贝勒，并且与弟多铎被合立
为一个和硕额真，同掌一旗。

多尔衮15岁时，爱新觉罗家族发生重大变故，努
尔哈赤病故。当时多尔衮兄弟已辖八旗中的正黄、镶
黄二旗和十五牛录，实力超过了三大贝勒，并且他的
母亲阿巴亥掌握实权，且年富力强，智慧超群，颇有
野心。

有母亲做后盾，多尔衮成为除皇太极和代善之外
唯一可能问鼎汗位的力量。但是，多尔衮毕竟年幼，
对皇太极不具有压倒性的优势，这个时候，代善的抉
择就成为关键。

可是，代善出于政治稳定的考虑，同时也被他的
两个儿子岳托、萨哈璘说服，接受了皇太极的交换条

件，立皇太极为汗。

皇太极继承汗位之后，立即率诸贝勒赶赴阿巴亥所居之处，逼她自尽，为努尔哈赤殉葬。皇太极此举的目的是除掉政治上潜在的对手，同时也把他与阿巴亥之间的秘密永远隐藏起来。

阿巴亥死前要求皇太极善待、"恩养"多尔衮兄弟，把他们抚养成人，皇太极答应了她的请求。阿巴亥殉葬后，年仅15岁的多尔衮父母双亡，丧失了继承大统的可能。

皇太极没有失信于阿巴亥，作为一国之君，作为年长20岁的兄长，他把多尔衮扶养成人，严加管教，提携培养，委以重任。多尔衮也确实是将才，统兵打仗，开疆扩土，屡立战功。

1628年，多尔衮随皇太极出征察哈尔蒙古多罗特部，多尔衮在战役中获大捷，俘众万余，因功赐号"墨尔根代青"，意为"聪明的统帅"。

1629年，多尔衮率军自龙井关入明朝边境，率军围攻北京，败袁崇焕、祖大寿援兵于广渠门外，又歼山海关援兵于蓟州。第二年，还师先行，再败明军。

1631年，皇太极初设六部，多尔衮受命掌吏部。同

八旗 是清朝的一种社会组织形式。在平时，人们从事耕作、狩猎等活动；在战时则应征为兵，起源于女真族的狩猎组织牛录。努尔哈赤起初将自己的军队分编为正黄、正白、正红、正蓝四旗。随军队壮大，又将四旗加上边框，成为"镶黄旗"等，形成八旗。

■清朝皇后服饰图

凤钿
金约
耳饰
领约
朝珠

贝勒 皇室爵位，满语，原为满族贵族的称号，复数为"贝子"。后以贝勒、贝子为清代宗室封爵的两个等级，贝勒为第三级。此外，在两宋时期为全国贵族称号，如金兀术乃全国贝勒。

年，率军强攻大凌河城，多尔衮率骑兵在队伍的最前方奋勇冲锋，险些被城墙上密集的火炮打死。

破城后，明总兵祖大寿被俘，他对多尔衮说道："方才火炮若射中将军，可如何是好？"

多尔衮耻笑其虚伪："尔言不由衷，当真可笑也！"

事后，皇太极斥责多尔衮身边的将士对其涉险冲锋不加以拦阻。

1636年，时年25岁的多尔衮已是战功赫赫，晋封为和硕睿亲王。

1638年，多尔衮封奉命大将军，统左翼四旗兵与扬武大将军岳托所率右翼军大举入关攻明，越北京至涿州，分兵八道，连续取得200余场战役的胜利，破城40余座，俘掠人口25万余。

1643年秋，皇太极病逝。多尔衮重新卷入皇位之

■清兵出征泥塑

争，皇太极的长子豪格继承了皇太极的正黄旗、镶黄旗并自掌有正蓝旗。多尔衮与多铎掌有正白旗与镶白旗，有了足够的实力和豪格争夺汗位，此外还有诸多王爷和贝勒的支持。

但是，双方实力相当，倘若有一方强行夺取权力，必将造成爱新觉罗皇族与八旗内部的分裂，妨碍征明之大计。此时，代善又从中起到了决定性作用。

代善说服多尔衮，转而扶持皇太极第九子福临入承大统。而多尔衮和郑亲王济尔哈朗"左右辅政，共管八旗事务"并实际掌权。

豪格在战场上虽然骁勇，但在政治上软弱且缺乏才干，于是自行退出。郑亲王济尔哈朗支持过豪格，两黄旗可以接受。这一决定化解了尖锐的矛盾，避免了八旗内的政治斗争，为满清入关奠定了基础。

多尔衮摄政时期，清军开始大举入关，征服中原。多尔衮不仅骁勇善战，而且谋略过人，他能善用降将与谋臣，善于把握战争全局，集中优势兵力，打击对方薄弱环节，最终取得战争的胜利，为清王朝在我国近300年的统治奠定了基础。

1644年4月，多尔衮率阿济格、多铎等统满、蒙、汉军10余万攻明。在山海关接收了吴三桂部，合兵在山海关之战，击溃李自成数十万农民军。10月，多尔衮受封"叔父摄政王"。两路同时发精兵，在陕西合击李自成残部。

■ 清朝正白旗铠甲

中原 为中华民族、中华文明、中原文化的发源地，万里母亲河黄河两岸，千里太行山脉、千里伏牛山脉东麓，在古代被华夏民族视为天下中心。广义的中原是以中原洛阳、开封、商丘、安阳、郑州、南阳、许昌等七大古都群为中心，辐射黄河中下游的广大平原地区。狭义的中原即指天地之中、中州河南。

■ 多尔衮曾召集百
官议事的睿亲王府

多尔博 爱新觉
罗氏，多铎的第
五个儿子。初出
为睿亲王多尔衮
后。1650年，多
尔衮薨，1651年
袭封为睿亲王。
第二年，因受多
尔衮的牵连，削
爵。后顺治帝令
多尔博归宗，
1657年封为多罗
贝勒。1672年
卒，时年30岁。

1645年年初，多尔衮率兵征山东。3月，命多铎展开江南总攻，多铎急速行军，4月屠扬州，5月占南京，俘弘光帝，灭各南明政权。

多尔衮以"重剿轻抚"一意孤行地实行民族高压政策，以"不随本朝制度剃发易衣冠者杀无赦""留头不留发，留发不留头"的野蛮法令强迫南方民众接受改朝换代。

6月，多尔衮改变策略，以"攻抚之策"相继平定江南。1646年，命豪格攻四川，灭张献忠的大西农民军；命博洛征闽、浙；命多铎征蒙古；命将领孔有德征湖广。

1647年，《大清律》颁行全国。同年，罢郑亲王济尔哈朗辅政，独专朝政。此时，多尔衮权势急剧膨胀，他一人独掌八旗中的正白、镶白、正蓝三旗，头衔也升为"皇父摄政王"。

在多尔衮掌权期间，睿亲王府前每日都是车水马龙，大小官员往来穿梭，这里实际已成为当时全国的政治中心。

多尔衮每天召集百官来府议事，然后再将已决之议拿到朝廷去走个过场。后来他嫌跑来跑去太麻烦，干脆将皇帝发布谕旨的玉玺搬回府中。

清初诗人吴伟业曾有诗：

> 松林路转御河行，寂寂空垣宿鸟惊。
> 七载金縢归掌握，百僚车马会南城。

这首诗描述的就是当时多尔衮的王府外王公贵族进进出出的繁盛情景。对多尔衮的功名事业作了正确的评价。

"金縢"，指皇家的文件柜，"南城"，即小南城的摄政王府也就是睿亲王府。但这段耀武扬威、为所欲为的时光很快就结束了。

1650年12月，39岁的多尔衮因狩猎坠马身受重伤，卒于喀喇城，也就是河北承德市郊。多尔衮死后，顺治帝追尊他为"懋德修道广业定功安民立政诚敬义皇帝"，庙号"成宗"。多尔衮无子，以豫亲王的儿子多尔博为后，袭亲王，俸视诸王3倍。

不久之后，郑亲王济尔哈朗等人

庙号 指驾崩后的皇帝在庙中被供奉时所称呼的名号。在我国古代，为了避免祭祀上的麻烦，在君王驾崩几代之后就会毁去原庙，用一个太庙合并祭祀几位君主。在这几位君主之中，只有对国家有大功、值得子孙永世祭祀的先王才会被追封庙号。

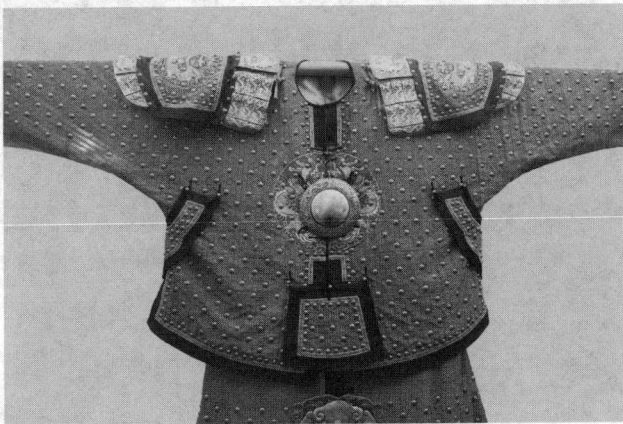

■ 清代织金锦大阅甲冑

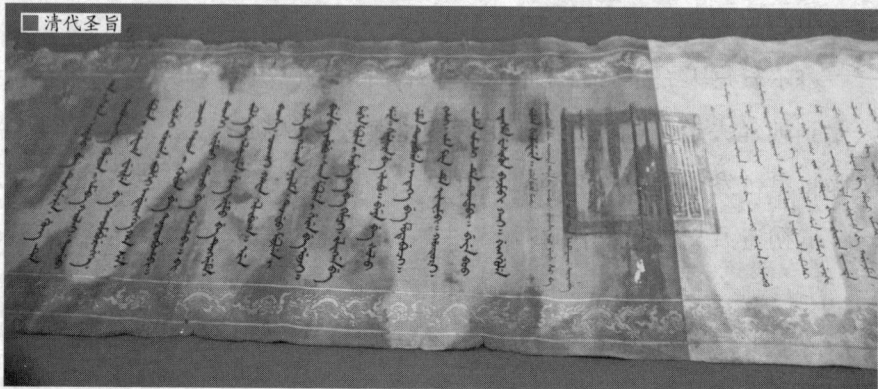
■清代圣旨

对多尔衮生前的罪发起弹劾，追论他生前谋逆罪。因其独断专行、妄自尊大，自称"皇父摄政王"，并迫害肃亲王豪格致死，纳其妃、收其财。

顺治帝下诏，剥夺多尔衮封号，并掘其墓，鞭其尸。多尔衮的尸体被挖出来，用棍子打，又用鞭子抽，最后砍掉脑袋，暴尸示众。多尔衮的党羽皆被凌迟处死。

直到1778年，乾隆帝阅览实录，为多尔衮平反，下诏为其恢复名誉，复睿亲王封号，爵位世袭罔替。

阅读链接

多尔衮体弱多病。用肃亲王豪格的话说，他是个"有病无福"之人。多尔衮身材消瘦，素患风疾，入关后病情日重，常常头昏目眩，一度病情加剧，以致在小皇帝面前跪拜都很困难，所以特别恩准他免于跪拜。

但即便疾病缠身，多尔衮仍日理万机，始终兢兢业业。他一再谕令臣下，奏章务求简明扼要，不许有浮泛无据之辞，以免徒费精神。据多尔衮自己说，他之所以体弱神疲，是由于关外松山之战时亲自披坚执锐、劳心焦思种下的病根。

由睿亲王府到寺院的历史

多尔衮死后被削爵，摄政王府府邸遂废。直到乾隆年间，多尔衮恢复名号之后，才将废弃的多尔衮王府改建成玛哈噶喇庙，隶属管理民族事务的理藩院。

玛哈噶喇是藏传佛教中的大护法神，最初为元裔察哈尔林丹汗所供奉。林丹汗败亡后，僧人将其送至沈阳，清太宗建实胜寺祀之。

■玛哈噶喇 是佛教三根本的化身。为调伏刚强众生而呈现愤怒相，本尊及眷属护法众除护持佛法外，依缘起多示现为两臂、四臂、六臂黑、白等形象，为藏传佛教诸宗共同推崇的智慧护法。

■ 改建成玛哈噶喇
庙的睿亲王府

弓 是抛射兵器
中最古老的一种
弹射武器。它由
富有弹性的弓臂
和柔韧的弓弦构
成，当把拉弦张
弓过程中积聚的
力量在瞬间释放
时，便可将扣在
弓弦上的箭或弹
丸射向远处的目
标。弓箭作为远
射兵器，在春秋
战国时期应用相
当普遍，被列为
兵器之首。弓是
自人类出现战争
到近代枪炮大量
使用为止，弓的
作用是任何武器
无法替代的。

之后，乾隆帝又下令将玛哈噶喇庙翻修扩建，改名为"普渡寺"，昔日摄政王府大殿被改建为"慈济殿"，并为大殿题额"觉海慈航"。

大殿还有清魏显达写的楹联：

普济众生蒙佛荫；
渡连圣城沐神恩。

寺院大殿外有甬道，直通山门。道两旁古松林立，清静幽美。

寺内原有黑护法佛殿，内藏睿亲王多尔衮生前使用过的甲胄弓矢，铠甲长约2.3米，黄缎面上绣龙图案，胄直径30厘米，护项亦为黄色，刀剑弓矢比寻常人的长出三分之一。从多尔衮的甲胄和兵刃判断，他的身高应在1.9至2米之间，的确是个彪形大汉。

甲胄弓矢的两侧，有两尊护卫像，所佩带的兵器皆为真品。转轮藏殿内陈设珍宝极多：有造型奇特的佛像，手执戈戟，下乘狮子，似印度、尼泊尔等国的舶来品；有约3.3米多长的雕镂精致的沉香杖，这些文物现在早已杳无踪迹了。

普渡寺正殿供奉欢喜佛，供品用人骷髅一具，庙内旧传有多尔衮死后以鱼皮所造肖像，也已无存。此处大殿建筑宏伟，面阔9间，前出厦5间。基座高大，为须弥座式。

大殿基础高出周围地面约3.3米。檐出飞椽共3层，为建筑制式中少见，被称为"金銮宝殿"的太和殿，檐椽也仅为两层。睿亲王府改建为玛哈噶喇庙以来，一直有僧人居住。

新中国成立后，南池子地区开始了大规模的修缮改造，普渡寺的修缮引起了许多人士的关注，主持该

■ 清代三世佛像

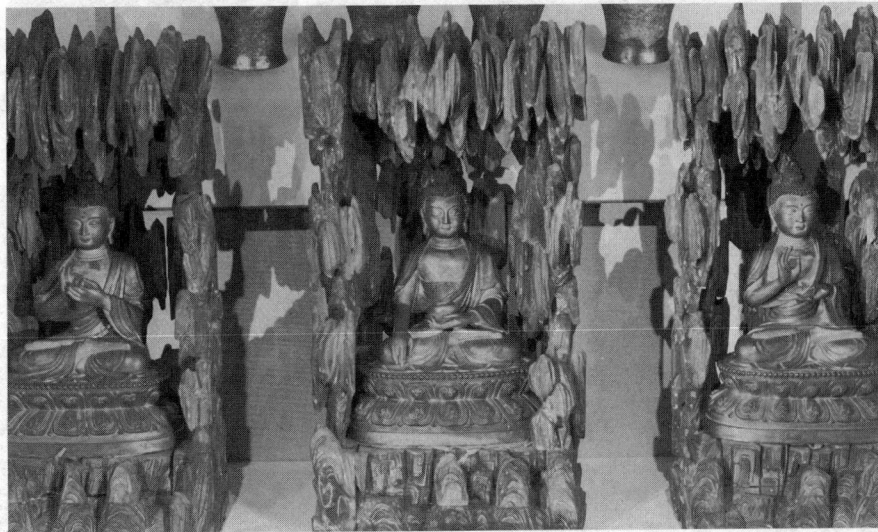

窗棂 即窗格，也就是窗里面的横的或竖的格。我国古代窗子的传统构造十分考究，窗棂上雕刻有线槽和各种花纹，构成种类繁多的优美图案。透过窗子，可以看到外面的不同景观，好似镶在框中挂在墙上的一幅画。

项工程的部门聘请古建筑专家，对普渡寺原来的面貌进行推测。

普渡寺建筑非常独特：建在高台之上，而且窗棂低矮。像普渡寺这样典型的满族风格文物建筑在北京仅此一处，也是北京少见的清初风格的古建筑。

普渡寺的修缮完全按照古建筑传统工艺及文物整旧如旧的原则进行的。殿内的彩画穹顶看起来半新半旧，这是因为在维修时要首先使用旧建筑构件，只有在当旧件缺损、数量不够的时侯才能用仿制的新件代替。

据专家考证，建筑外部的彩画基本都是清朝中期绘制的，而内部部分彩画为清初遗存。

■ 睿亲王府后门

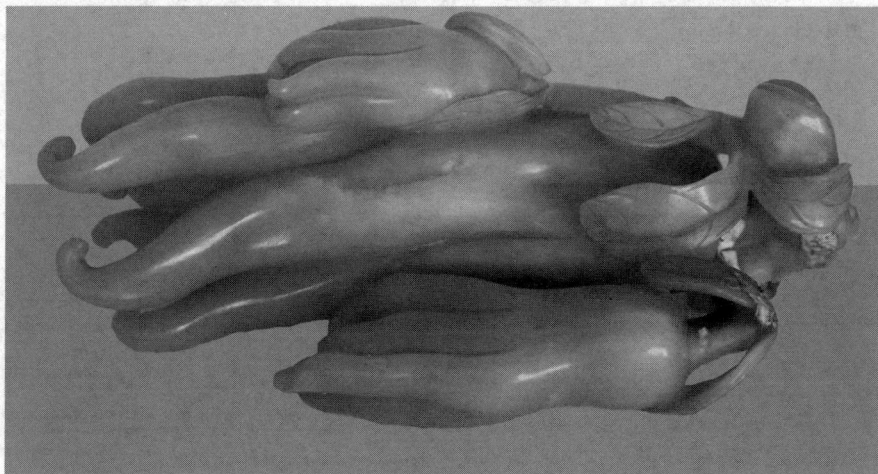

修缮将尽量保留旧彩画，对破损的地方尽可能用原工艺、原材料进行修补。整个建筑共需补配彩画200多处，约80平方米。大殿檐柱上梁头都是木雕龙头，这在北京也很少见。

在进行修缮之前，文物单位首先对普渡寺进行了考古清理，在高台上出土了许多明代的石刻件，也在普渡寺大殿抱厦的东南角发现了圆形建筑物。这个建筑低于大殿的地面约两米，直径约四五米，在其顶部有12块异常精美的汉白玉石雕。

在它的北面，还有一个台阶可以通到其底部。普渡寺整座院落都建在3米多高的城砖台座上，依稀显示着昔日王府不凡的气度。经过半年的复建，历经风雨侵蚀的普渡寺拂去了历史的尘埃，英姿重现。现在的普渡寺整修得很好，大殿整修得更好，大殿名为济慈殿，面阔7间，黑色琉璃瓦绿剪边歇山顶殿顶，前出抱厦3间。最上面的彩画基本未动，保持原样，下面重新翻新了。

■ 清代白玉佛手

歇山顶 为我国古建筑屋顶样式之一。歇山顶共有九条屋脊，因此又称九脊顶。由于其正脊两端到屋檐处中间折断了一次，分为垂脊和戗脊，好像"歇"了一歇，故名歇山顶。歇山顶结合了直线和斜线，在视觉效果上给人以棱角分明、结构清晰的感觉。

■清代楠木银佛经函

　　檐下的枋头饰物龙头和故宫内的不一样，是另一种样式的龙，保持了关外满族的风格。殿前抱厦覆以黄琉璃瓦，显示以不同的等级。

　　现在，普渡寺周边的前巷、东巷、西巷等胡同的铭牌都写作"普渡寺"。然而在《宸垣识略》等多部记述北京历史地理的资料中，"渡"字都没有三点水旁，均写作"普度寺"。

阅读链接

　　因为多尔衮没有后代，生前曾将豫亲王之子多尔博过继为嗣。乾隆皇帝便将多尔博五世孙淳颖复爵睿亲王，因原睿亲王府已经改建为普渡寺，位于石大人胡同的淳颖宅邸被作为睿亲王新府。

　　睿亲王新府规模十分宏大，曾有房500多间。中路建筑如同缩小的紫禁城三大殿，有东西翼楼、银安殿、二道门、神库、安福堂等殿堂。西路为王府花园，东路为宗祠，大厨房、瓷器库、灯笼库和戏台等，府门外还有马圈和车房。

克勤郡王府位于北京西城区新文化街西口路北。现为新文化街第二小学。是清初"八大铁帽子王"王府之一。曾一度是知名人士熊希龄的住宅。

现在王府后半部的后寝门、后寝和后罩房等建筑物尚完整。1984年公布为北京市重点保护文物。

巍峨精致

克勤郡王府

智勇双全的克勤郡王岳托

　　第一代克勤郡王岳托是礼亲王代善的长子，最初被授予台吉，继而封为贝勒。岳托很早就投身戎马，自幼随祖父努尔哈赤征战各方，功劳卓著，以骁勇善战和擅长谋略名冠后金。

　　1621年，努尔哈赤率军攻打沈阳奉集堡，将要班师的时候，突然接到谍报，附近发现了明军数百人。岳托于是偕同台吉德格类向明军

克勤郡王府古建

发动突袭，击败了明军。

之后努尔哈赤攻克沈阳，清军奋起直追至白塔铺。岳托闻讯后赶至白塔铺，狂追明军40里，歼灭明军3000余人，他这种执着的精神也确有乃父之风。

不久以后，发生了一件事。喀尔喀扎鲁特贝勒昂安把清军使者捉住并送往叶赫，结果使者被杀。于是在1623年，岳托同台吉阿巴泰出兵讨伐昂安，斩杀了昂安以及他的儿子。

■ 克勤郡王府古籍

1626年8月，太祖努尔哈赤病逝，后金面临了谁继承汗位的问题。当时四大贝勒全都手握重兵，势均力敌。稍有不慎可能会毁掉后金的百年基业。

在这时岳托从大局着想，与三弟萨哈璘一起劝说父亲支持四贝勒皇太极即位，迅速解决了当时的权力接续问题。

虽然岳托作为代善长子在代善即位后是很可能成为太子的，不过岳托同父亲一样从大局出发，支持皇太极。所以在太宗时期，代善父子一直深受信任，即使犯有错误，两人所掌的两红旗也没有被夺去或削弱，恩宠日隆。

1626年10月，岳托跟随父亲代善攻打内蒙古扎鲁特，斩杀其部长鄂尔斋图，俘虏了他的部众，于是因

四大贝勒 1616年，努尔哈赤在赫图阿喇登基为汗时，就设了四个贝勒，即大贝勒代善、二贝勒阿敏、三贝勒莽古尔泰、四贝勒皇太极。后金国的建立者努尔哈赤死时，皇太极继承大汗位置。但与其他三位亲王一同主持朝政，被称为四大贝勒时期。

053

巍峨精致

克勤郡王府

■ 抚顺汗王宫

军功封为贝勒。

1627年，岳托偕同贝勒阿敏、郑亲王济尔哈朗讨伐朝鲜。后金军跨过鸭绿江后，连续攻克义州、定州、汉山三城。

回师后，岳托又跟随皇太极伐明，由于大明名将袁崇焕的有力防守，清军一筹莫展，损失惨重。但岳托在战斗中，不光击败了路遇的明军，还在围攻宁远时击败明军挖壕士兵千余，复败明兵于牛庄。

1628年，岳托同阿巴泰侵犯明边境，毁锦州、杏山、高桥三城。又烧毁自十三站以东墩21座，杀守兵30余人。班师，皇太极亲自出迎，赏赐良马一匹。

1629年，岳托进犯明锦州、宁远，焚毁明军积聚的粮草。10月，皇太极亲自攻打明朝，岳托与济尔哈朗率右翼军夜攻大安口，毁水门而入，击败马兰营援兵于城下。

第二天，岳托见明兵扎营于山上，分兵让济尔哈朗偷袭，自己驻扎山下等待时机。这时，明军自河北遵化来支援，岳托对济尔哈朗说："我一定会打败他们的。"之后五战皆胜。

11月，岳托率右翼军与阿巴泰所率的左翼军会合于河北遵化，他们首先攻打顺义县，不久击破明总兵满桂等人。进逼明都北京，复跟随父亲代善击败明朝援兵。

12月，岳托和贝勒萨哈璘围困永平，攻克香河。岳托在进攻明朝时进退自如，多次立下战功，在爱新觉罗的第三代中脱颖而出，成为其中的佼佼者。

1630年，岳托同贝勒豪格回守沈阳。1631年3月，皇太极诏询诸贝勒："国人怨断狱不公，何以弭之？"

岳托奏："刑罚舛谬，实在臣等。请上擢直臣，

诏 也叫圣旨，是指我国古代以皇帝名义发布的公文的统称。诏令大体上可分两大类，一是发布重大制度、典礼、封赏的文书；二是日常政务活动的文书。概括起来有制、诏、诰、敕、旨、册、谕、令、檄等。

巍峨精致

克勤郡王府

■ 清代镂雕酸枝大椅

近忠良，绝谗佞，行黜陟之典，使诸臣知激劝。"

岳托应对自如，在皇太极心中留下了极佳的印象。6月，初设六部，岳托奉命掌管兵部。

7月，皇太极攻打大凌河，岳托偕同贝勒阿济格率兵两万从义州进军，与大军会师。固山额真叶臣包围了城西南，岳托为他接应。

明总兵祖大寿见大势已去，遂向后金请降，以子祖可法为人质。祖可法进入清军营地后，准备拜见诸贝勒，岳托说："作战时则是仇敌，议和了就是弟兄了，为何要拜呢？"

岳托问祖可法为何要死守空城，祖可法回答说："怕城破后受到清军的屠戮！"

岳托巧妙地回答了这个问题，说是力图瓦解明军的战斗力和抵抗，争取汉人的归顺。于是放归祖可法，当他离去时，众人都起身相送。

3天之后，祖大寿投降。岳托不仅作战有一套，

■ 清代武将塑像

■ 清代兵部旧址

对于劝降也很有办法，谈吐也很有水平，不同于很多只重武力的满族将领。

皇太极建议攻取锦州，命令岳托偕同诸贝勒统兵4000，改着汉服，同祖大寿假作溃散的明军，夜袭锦州。那晚，恰好有大雾，不能见物，不利作战，只能作罢。

1632年正月，岳托上奏章给皇太极：

前几年攻克辽东、广宁等城时，汉人拒绝投降的人都被杀，之后又屠杀滦州、永平的汉人，所以汉人很恐惧，归顺的人也就很少。如今，我们攻下了大凌河，正好借此机会让天下的汉人都知道我们不是一味用武力征服和屠杀，也是会善待和安抚归顺了的人民的。

臣以为这样的怀柔政策，前来归顺的汉

奏章 我国古代时期，大臣向皇帝进言或汇报事情时所使用的文书，是大臣和皇帝之间交流的主要途径。在奏章中，大臣可以向皇帝表达自己对于朝政的意见或其他事情的看法或建议等，是否认真批复奏章也是区分一位皇帝是否贤明的重要标志。

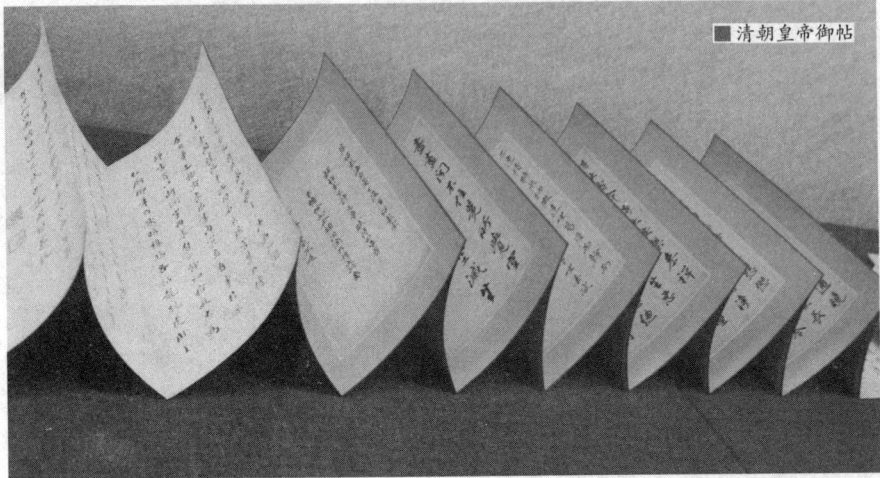

人必会大大增加。首先应当保全来归者的全家，不能随意将他们罚做奴隶，然后官府发放钱粮赈济他们，让他们安居乐业。

倘如上天眷顾我们后金，让我们后金占有汉人的土地，仍还其家产，他们一定会心悦诚服地接受我们的统治。

应该命令诸贝勒出庄院一座，每牛录取汉男妇二人、牛一头，编为屯，人给二屯。出牛口之家，各牛录仍以官价补偿。

而大明的诸将士远离故乡，成年累月戍守边关，害怕我们的诛戮。而今他们听说我们善待他们，就可能会来归顺我们。我们应善待降兵，不要让他们流离失所，那么人心依附，统一大业就可完成了。

皇太极对岳托的上奏非常满意。岳托的政治眼光在这件事中得到充分的表现，而这一政策也成为大清将来的国策，岳托对于大清的建立立下了大功，理应成为铁帽子王。

5月，岳托同济尔哈朗等攻打察哈尔部，行至归化城，俘获以千计。又偕同贝勒德格类开拓疆域，自耀州至盖州南。

1633年8月，岳托又同德格类等攻打旅顺口，攻克后留兵驻守。班师凯旋回朝，太宗皇太极亲上郊外犒劳，并以金杯酌酒赐给他。

1634年，皇太极在沈阳阅兵，岳托率领十一旗兵，列阵20里许，军容整肃，旌旗鲜明。皇太极十分高兴并嘉许岳托，对岳托在兵部的工作也很满意。5月，岳托随从皇太极出征察哈尔，中途患病，只能先行返还。

1635年，岳托随军攻打明朝山西，又因有病留在归化城。这期间蒙古土默特部告，博硕克图汗之子俄木布遣人同阿噜喀尔喀及明朝使者到来，准备进攻后金。

岳托于是派遣兵伏击明使，擒住明军使者，令土默特部捕杀阿噜喀尔喀的部下。岳托选出部分土默特青年壮丁，编成队伍，立下条约，安定了一向不平静的河套蒙古各部。

岳托带着病身依旧为大清劳心劳力，立下了平

俄木布 明末清初时期的蒙古土默特部的首领。博硕克图的儿子。1632年，皇太极西征察哈尔林丹汗，途经土默特，俄木布归降后金。不久之后，俄木布因有罪被废爵。1636年，土默特部被编为左右二翼，归统归绥城将军管辖，即归化土默特旗。

■ 清代骑兵和步兵

■ 清代屏风

喀尔喀 我国清代漠北蒙古族诸部的名称。初见于明代，以分布于喀尔喀河得名。喀尔喀蒙古东接呼伦贝尔，西至阿尔泰山，南临大漠，北与俄罗斯接壤。

定河套蒙古各部的大功。之后与诸贝勒会师，一同返还。

1636年，皇太极称帝，改国号为清。4月，封岳托为成亲王。8月，因被指控包庇莽古尔泰、硕托，以及离间济尔哈朗、豪格，于是众贝勒、亲王议定岳托为死罪。

但是皇太极宽恕了岳托，只是降为贝勒，罢免兵部的职务。没过多久，又重新起用，掌管兵部事务。这次事件，很可能是权力斗争的产物，只要看被指控后各贝勒的反应就行了，虽大家都是叔伯兄弟，却想置人于死地。

岳托同他父亲代善一样，因功权过大遭人嫉妒，而皇太极也借此削弱他们的实力及离间与他人的关系，一拉一打，将代善父子牢牢控制。

1637年8月，皇太极命令左右两翼八旗军比较射箭，岳托表示不能执弓，皇太极再三劝说，岳托才不情愿地拉弓，但弓堕地多达5次，于是将弓掷出很远。岳托的举动令众人吃惊不小，诸王贝勒纷纷指责岳托骄慢，应当处死，皇太极再次宽恕了岳托，降为贝子，罚银5000两。

1638年，皇太极又恢复岳托的贝勒地位。这年秋天，岳托随皇太极出征喀尔喀，可是才至博硕堆，就知扎萨克图汗已逃走，于是无功而返。

8月，岳托伐明，授予岳托扬武大将军，贝勒杜度为副，统率右翼军；统左翼军的是睿亲王多尔衮。军队进至墙子岭，明兵已经退入堡，在城外布置了三座营寨作为外线的防线。

岳托率军攻克了外围三寨。但是城堡坚固不易攻打，岳托采用了俘兵的建议，分兵正面佯攻，牵制明师，同时从墙子岭东西两边小道进行猛攻，连克11座

箭 又名矢，一种借助于弓、弩，靠机械力发射的具有锋刃的远射兵器。因其弹射方法不同，分为弓箭、弩箭和摔箭。箭的历史是伴随着弓产生的，远在石器时代箭就作为人们狩猎的工具。传说黄帝战蚩尤于涿鹿，纯用弓矢以制胜，这是有弓矢之最早者。

■明长城烽火台

烽火台。于是左右两翼军深入关内，进行了长达5个月的掠夺。

清军共攻下60余座城，掠夺了无数人口、财物和牲畜。进抵山东，攻下济南。岳托于济南驻扎时染上天花，薨于军中。

岳托在战斗中极力使用汉军投降将士，这在当时尚属少见，不过确是一条正途，在此事上又能再次看出岳托的高瞻远瞩。以英年死于军中的确令人惋惜，但他那种鞠躬尽瘁的精神的确很值得尊敬。

1639年，多尔衮率领满载而归的远征军回到盛京，在汇报战绩时，没有岳托的名字。皇太极惊问为何，才知早在济南去世，不仅悲痛万分，辍朝3日，以示哀悼。同时命令不要告知礼亲王代善。

等到岳托灵柩运回，皇太极亲至盛京城外的沙岭遥奠。还宫后，再次辍朝3日。诏封岳托为克勤郡王，赐骆驼五匹、马两匹、白银万两。1688年，清廷为岳托立碑记功。

阅读链接

岳托执掌兵部后，诸事办理妥帖，不仅得到皇太极的亲口赞誉，而且在岳托的操持下，举行了后金国第一次声势浩大的阅兵典礼。

1634年，岳托统领满洲八旗、蒙古两旗、旧汉军一旗共计11旗行营兵，排列成5大阵营，第一序列为汉军炮兵，第二序列为满洲、蒙古旗之步兵，第三序列为满洲、蒙古旗之骑兵，第四序列为守城应援之兵，第五序列为守城炮兵，来接受后金国最高统治者的检阅。

当时，皇太极"驻马浦河冈"，检阅着军容整肃、步伐整齐且绵亘长达20里左右的后金国三军队伍，岳托则以战守纪律指示众军，响炮三声，众军呐喊如之，炮声隆隆，旌旗猎猎，八旗军声威震天。太宗大悦，特赏所有参加检阅的"每甲士银一两"。

罗洛浑奉旨建造克勤郡王府

  岳托共有7个儿子，有爵位者5人，克勤郡王世爵共传13世17王，其中3人夺爵。

  岳托第一子也就是第二代克勤郡王罗洛浑，初封贝勒，1644年受

■克勤郡王府大门

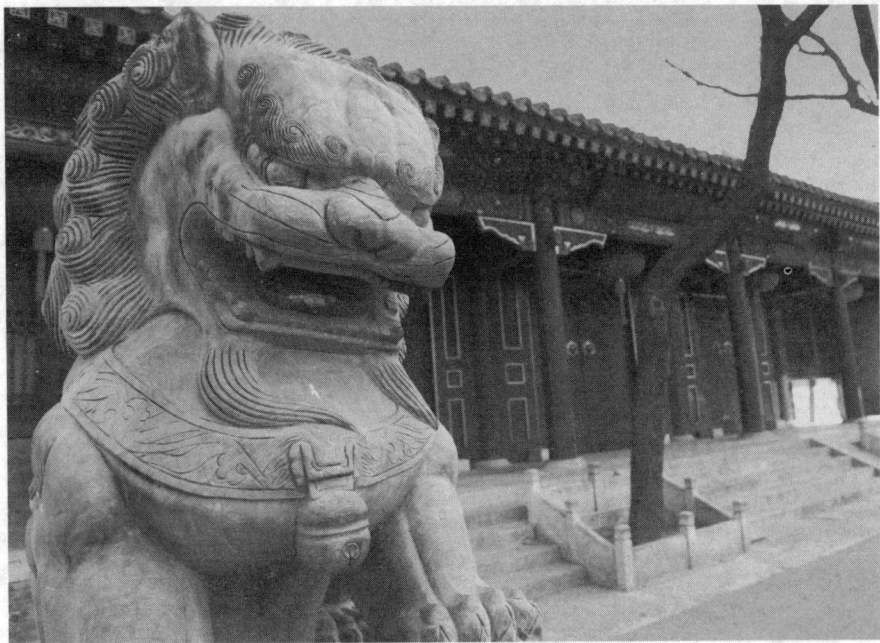

■ 克勤郡王府的石
狮子

石驸马大街　石
驸马大街是明代
北京城内的一条
老胡同名，是因
明宣宗驸马石璟
尉的宅第在这
里，所以称为石
驸马大街。就是
后来的北京西城
区的新文化街。

封衍禧郡王，在1646年与肃亲王豪格征四川时去世，罗洛浑的长子罗科铎于同年袭爵，于1651年改封为平郡王，至1778年，为纪念岳托的功绩，恢复克勤郡王号。1888年加亲王衔。

清入关以后，罗洛浑奉旨在宣武门内石驸马大街建造王府。王府造得巍峨而精致，有三进庭院，正殿、配房，还有后花园。

现在，石驸马大街已更名为西城区新文化街，克勤郡王府就位于西口路北。这所顺治年间所建的府邸原占地面积不大，规模远不如礼、郑诸府。

从《乾隆京城全图》可以看到，克勤郡王府平面布局与王府规制尚符，正殿阔5间，前出丹墀，左右配殿阔5间，后殿面阔3间，后罩正房面阔7间。由于地处石驸马胡同，有人认为是沿用明代有功勋的皇亲国戚的旧宅，或石驸马府改建。

克勤郡王府是清廷封给岳托后人的三处府邸之一，规模是最大的，东与罗科铎第三子诺尼的贝勒府相邻。克勤郡王的后代习惯把西边的平郡王府称为"西府"，把东边诺尼的贝勒府称为"东府"。

西府的面积比其他铁帽王府要小，但布局紧凑合理，建筑精致。中轴线上建有大影壁、府门、银安殿、东西翼楼、后罩楼等建筑。

西路前后还有三进院落。东路则由五个大小院落组成，有茶房、大小书房、祠堂、花房等，还有护卫、太监、奶妈居住的房屋等。

克勤郡王家族好金石收藏，秦汉青铜器、汉唐碑碣石刻拓本、石画、字帖和古玉、陶片最多，室内陈

罗科铎 衍禧介郡王罗洛浑的儿子，后袭爵位，1651年改封号为平郡王。1658年，跟随信郡王多尼征伐云南，屡挫明朝将领李定国、白文选。1659年，顺治帝赐予蟒衣、弓刀、鞍马等，表彰他的军功。1682年死，谥曰比。他的儿子纳尔图袭爵位。

■ 克勤郡王府围墙

■克勤郡王府大门

设都是古玩字画。当时的克勤郡王书法巧妙绝伦，闻名朝野于一时。

　　但到了20世纪初，最后一代克勤郡王晏森将王府售给了熊希龄为住宅。而晏森自己则搬到了宗帽胡同居住。

阅读链接

　　21世纪初，克勤郡王府修葺一新，恢复昔日风貌。府路南影壁尚存，府前部只存东翼楼。后部的内门、后寝与东西配房、后罩房均保存完整。西部跨院也存大部原有建筑。

　　克勤郡王府原来被用作石驸马二小的校园，王府的修葺完工以后，石驸马二小便更名为第二实验小学。昔日的王府里，传出朗朗的读书声，古色古香的教室里都装有现代化的空调等设施。

　　克勤郡王府的大门，青砖对缝，鲜红的油漆彩画非常耀眼，工程基本复原了王府的旧日景象，阳光在仿古的屋脊上留下斑驳的树影，时光流逝，人物全非。

顺承郡王府

顺承郡王府于清顺治初年建府，府址在北京西城区锦什仿街东侧，旧赵登禹路32号。顺承郡王府呈正方形，东起太平桥大街，西至锦什坊街，南起华嘉胡同、留题迹胡同稍北，北抵麻线胡同。

1994年按照1比1的比例迁建到朝阳公园南门东面之"郡王府"，为北京市文物保护单位。

军功显赫的始王勒克德浑

顺承郡王府建于清代顺治初年，第一位主人勒克德浑是清太祖努尔哈赤的曾孙。勒克德浑的父亲是代善的第三子萨哈璘。

萨哈璘初授台吉，1625年，察哈尔林丹汗进攻蒙古科尔沁部，萨

■顺承郡王府牌坊

■ 顺承郡王府

哈璘统5000精锐骑兵赴援，解其围。1626年，随代善征喀尔喀巴林部和扎噜特部，以军功封贝勒。

1627年，萨哈璘跟随皇太极征明，率巴雅喇精锐骑兵为前队，与贝勒德格类败明军于大凌河、锦州。

1629年，再随皇太极征明，克遵化，薄明都。12月，萨哈璘略通州，取张家湾、围永平，克香河。

1630年，萨哈璘同郑亲王济尔哈朗驻守永平。1631年，直言时政，谏言："图治在人，使贤用能。"7月，皇太极初设六部，受命掌礼部事。

1632年，萨哈璘同济尔哈朗率右翼兵略归化城，俘蒙古千余人，分置蒙古诸贝勒牧地，申约法令。1633年，同贝勒阿巴泰等略明山海关。1634年，随太宗征明，克得胜诸城堡。1635年，同多尔衮收降察哈尔林丹汗子额哲，沿途略明山西府县。

1636年正月，萨哈璘病重，5月去世。萨哈璘死

萨哈璘 清初将领。满族。爱新觉罗氏。清太祖努尔哈赤孙，大贝勒代善第三子。初授台吉。1625年，统兵援蒙古科尔沁部拒察哈尔林丹汗。从征喀尔喀巴林部、扎鲁特部，以功封贝勒。1636年，晋多罗郡王。卒后追赠和硕颖亲王。1671年，谥毅。

■ 清代景泰蓝摆件

时只有33岁，他深受太宗皇太极的喜爱，病中太宗多次看望萨哈璘，而且禁不住落泪。

萨哈璘死后，皇太极不光前往吊祭，还在灵堂痛哭4次，并罢膳辍朝3日。卒后追赠和硕颖亲王。1671年，康熙帝追谥"毅"。

萨哈璘骁勇善战而且长于智谋，不光明达聪敏，通晓满、汉、蒙文字，且敢于直言时政，多次献上良策，是清朝初年的一代名将。勒克德浑是萨哈璘的第二子。太宗驾崩后的权力斗争中，代善将自己的一儿一孙硕托和阿达礼处死，勒克德浑也被牵连，削爵，贬为庶民。

1644年，清军入关，多尔衮重新笼络起勒克德浑，恢复他的皇室身份，并且册封为多罗贝勒。第二年，勒克德浑被命为平南大将军，接替豫亲王多铎驻扎江苏江宁。在与残明的战斗中，勒克德浑得以尽显他的军事才华。

当时南明鲁王朱以海占据浙东一带，他的军事力量在钱塘江以南的沿江，构筑了一条坚强的防线，使清军难以进犯。这时，南明的大学士马士英与总兵方国安率兵渡过了钱塘江，进攻杭州。

勒克德浑在南京得知后，立刻遣兵奔赴杭州解围，马士英与方国安立刻退兵撤回钱塘江，又分别攻占了杭州西南方的余杭、富阳两地。

马士英 明万历时进士。后因擅取公帑行贿，流寓南京。明亡后，马士英联江北四镇，拥立福王监国，排斥史可法，独断专权，大敌当前，仍忙于内部斗争，致使扬州失陷，清军逼近南京，遂逃至浙江，方国安军中，后被为清军俘杀。

勒克德浑派遣梅勒额真珠玛喇攻击余杭、富阳两地的明军，两军合营在杭州城30里外。清军攻势凌厉，马士英与方国安败走。

勒克德浑在江浙战场上频频得胜的时候，清军在中部的湖广战场上却频频告急。11月间，明唐王朱聿键的隆武政权所任命的湖广总督何腾蛟招纳了原李自成的残部李过、高一功、郝摇旗、刘体纯等人，进入湖广战场对清军占领下的军事重镇荆州、武昌发动总攻，使湖广战场上的清军面临全面崩溃的境地。

12月，多尔衮急调勒克德浑移军西去救援湖广战场，于是勒克德浑亲率满蒙精锐，偕同镇国将军巩阿岱一起，从南京逆江而上，驰援武昌。

1646年正月，勒克德浑率军进抵武昌，对明军展开了全面进攻，他首先派遣护军统领博尔辉督军进击岳州解围，自己率主力前往荆州。勒克德浑的主力进至石首，正巧明军渡江进犯荆州。

勒克德浑不动声色，悄悄派出了一队人马渡过南岸，等到明军渡河一半的时候，突然水陆两军同时猛攻，大败明军，消灭了这一支明军的援军。

之后，勒克德浑的大军水陆并进乘夜疾驰，向荆州奔去。

第二天凌晨进抵城

071

规模宏大

顺承郡王府

■清代嵌玉石盆景

下，由于清军行动迅速诡秘，驻扎在城外的明军毫无察觉。

到了晚上，清军将领郎球等人将明军在江中的战舰尽数夺走。之后，又指挥八旗铁骑分两翼杀入明军主营，明军猝不及防，战线全面崩溃，伤亡惨重。

勒克德浑命奉国将军巴布泰等人率军乘胜追击，李自成的残部且败且战，自安远、南漳、喜峰山、关王岭至襄阳等地，与清军多次激战接连战败，主力损失殆尽。

最后，无奈之中，义军将领李自成弟李孜、田见秀、张耐、李佑、吴汝义等带着残部5000余人向勒克德浑投降。到此，轰轰烈烈的大顺军就被勒克德浑给消灭了，在这一战中勒克德浑的军事才能展露无遗，不愧是名将之后。

由于勒克德浑迅速地解除了清军在湖广战场上的危机，清廷对他的功绩十分赞赏，下诏让他班师回南京，并赐以黄金百两、白银两千两。

1648年9月，晋封顺承郡王，成为清朝开国"八大铁帽子王"之一，后获得了"世袭罔替"殊荣。1651年，勒克德浑奉命掌管刑部事务。1652年，勒克德浑去世，时年仅34岁。1671年，康熙帝追谥为"恭惠"。

阅读链接　顺承郡王府在民间被称为"打磨苏王""达磨憎王"等。据顺承郡王的后代介绍，打磨苏王即第二代顺承郡王勒尔锦，1680年讨伐吴三桂时坐失战机被削爵，其子袭爵，后又被革爵。之后，勒尔锦的哥哥袭顺承郡王爵位。顺承郡王府府址一直没有变动，顺承郡王也没有遭到太大的风波，这和其他铁帽子王是不同的。

布局严整的顺承郡王府

根据《乾隆京城全图》记载，顺承郡王府呈正方形，东起太平桥大街，西至锦什坊街，南起华嘉胡同、留题迹胡同稍北，北抵麻线胡同。面积虽不是很大，但布局严整。

顺承郡王府主入口在朝阳公园南路。入口处有一座牌坊。从主路到王府大门要走很长的一段距离，经过一片广场，跨过一条河。河上有汉白玉栏杆的石桥。这个府第有以下几个特点。

第一，按清代制度王府正门前应有大石狮子一对，唯独这个府里没有狮子。

第二，王府的正所即正

清代龙形建筑构件

牌坊 是封建社会为表彰功勋、科第、德政以及忠孝节义所立的建筑物。也有一些宫观寺庙是以牌坊作为山门的，还有的是用来标明地名的。牌坊又名牌楼，为门洞式纪念性建筑物，宣扬封建礼教，标榜功德。牌坊也是祠堂的附属建筑物，昭示家族先人的高尚美德和丰功伟绩，兼有祭祖的功能。

殿前都不种树，唯独顺承郡王府的正殿前有四棵高大的楸树。另外，在东所也有同样两棵大楸树。传说这几棵树还是明代遗留下来的。这在清代所有府第里是独一无二的。

第三，各府平时都由一边阿斯门出入，像礼亲王府只开西阿斯门，郑亲王府只开东阿斯门，只有这个府东西阿斯门在白天全都开着，除车马不准通行外，普通行人是可以往来穿过的，所以附近的人们称这里是"穿堂府"。

原有府邸四面都是府墙，只有东西两个阿斯门供出入之用。布局自外垣以内分3路，中路是主体建筑，是按大清会典所规定的府第规模建筑起来的。和其他王府形制一样，也是前殿后寝，有正门也就是宫门、正殿和两侧翼楼、后殿、后寝。东路和西路是附属建筑。

■ 顺承郡王府建筑

■ 清代家居摆设

大清会典规定，王府的正门应是坐北朝南，由于城市居住条件的限制，不可能都建筑在东西向的街道上。因此在正门以外都要有个宽敞的院落。东西相对各开一个门，东称东阿斯门，西称西阿斯门。

这样不管是东西向街道，还是南北向街道，都不会影响正门的南北方向。同时正门外大院里还可以停放来访亲友的车、轿、马匹等，不必停放在街道上影响交通。在两边阿斯门外旁摆放红漆辖哈木一对。

顺承郡王府的东西阿斯门分别是3间筒瓦、有脊、有鸱吻的建筑。中央一间是两扇红漆大门，两旁各有一个单间是为值班人用的。这东西相对的4间值班房都是由骁骑校值班。

阿斯门的南北两侧连接府墙，最南面从东到西是一段府墙。北面正中央是5间建筑，正中3间是6扇朱漆大门，门上有金漆门钉7排。

门钉 是钉于大门扇外面的圆形突起，是我国古建筑大门上的一种特有装饰。我国古建筑中，尤其在北京的宫殿、坛庙、府邸这些古建筑的大门上，都有纵横排列的门钉。这些门钉不仅是装饰品，而且体现着封建的等级制度。门钉起源久远，我国古代为防御外侵，城门制作十分坚厚，在大门上包有铁板，且用戴帽的门钉钉住。这种方法一直沿用了数千年。

王府胜景

北京著名王府的景致

■ 清代北京城

六部 指清中央
行政机构中直接
对皇帝负责的
兵部、工部、礼
部、刑部、户部
及吏部，分别主
管军事、农业工
程水利、教育文
化外交、司法治
安、财政经济、
人事组织。六部
主官叫尚书，副
官叫侍郎。

在正门外的门道里东西相对每一边放一个红漆枪架，架上各插5支红漆木杆铁头枪，平时将枪都用蓝布套起来。

两旁各有一间宿卫用房。这个正门的建筑与当时清政府的六部衙门的正门建筑是一样的，所以王府又有"大衙门"之称。

正门两侧各有一段府墙，每边都有一个侧门。正门平时不开，如有婚丧等大事才开正门。平时出入都是走东侧门。

正门内正中央是高出地面约0.6米的一条砖石结构的甬路，直达正殿前的月台。月台宽度相当于5间正殿，长约3.3米，台两旁有石阶可供上下之用。

台后是正殿7间带前后廊子。正殿为双重檐子，琉璃瓦起脊，有鸱吻。这7间殿在1900年八国联军进北京时，被法国军队烧毁了。

　　之后在殿基上砌了一段墙，正中有两扇大门，平时不开。在殿基下东西各有一段墙，每边有一个门供出入之用。在这个院里，东西两面各有带廊楼房5间，会典里叫翼楼，人们就叫它东楼西楼。

　　在甬路两旁，东西楼前，每边有两棵高大的楸树。两楼楼上堆放杂物，东楼下层是家务处，西楼下层住着苏拉，也就是杂役。正门两旁各有3间南房。东面是管事的居住，西面是随侍的居住。

　　正殿基的后面仍然是一条高出地面的甬路，直通到二层殿，二层殿是3间建筑。中间开门实际是个穿堂，平时不开，二层殿东西两侧各有一段墙。每边有一个门，平时出入都是从东门走。二层殿西面是段南北墙，东面有带廊东房3间。在这东房之南仍有3间背西向东的房屋，中间是穿堂，通到东院。

月台 在古时建筑上，正房、正殿凸出连着前阶的平台叫"月台"，月台是该建筑物的基础，也是它的组成部分。由于此类平台宽敞而通透，一般前无遮拦，故是看月亮的好地方，也就成了赏月之台。

■ 清朝王府"八抬大轿"

■ 清代皇家摆设

更夫 是指每天夜
里敲竹梆子或锣
的人。目的是提
醒人们现在是什
么时间。更夫通
常两人一组，一
人手中拿锣，一
人手中拿梆，打
更时两人一搭一
档，边走边敲。
打更人一夜要敲
五次，每隔一个
时辰敲一次，等
敲第五次时俗称
五更天，这时鸡
也叫了，天也快
亮了。

在二层殿后又是一
个院落。北面正中有前
后带廊正殿7间，本是
原来王府的神殿，因前
面正殿已在1900年被八
国联军烧毁，所以后来
就以这层殿为正殿，这
个院东西面均有5间前
后带廊的东西配殿。

在正殿的东西两侧
各有一段院墙，连接东
西两配殿，将这个院子隔方。两边墙各开一个屏风
门。西屏风门外，东面是正殿的西山墙，连接山墙使
南北一道院墙直达后府墙。

院内有一眼水井是苦水，不能饮用。西面也有南
北一段墙，有一个随墙门。这个院里有3间西房，是
存放俸米的粮库。正殿东西的屏风门外通到东所。

正殿后面是一个东西长的长方院。东、西、北三
面都是院墙。北墙正中是一屏风门，通到后院。后院
有带廊楼房7间，后面就是后府墙了。楼下最西头两
间是佛堂。中3间存放杂物。东两间是更夫晚上值班
的地方。中路除说明有重檐、起脊、琉璃瓦以外，其
他房屋都是起脊有鸥吻筒瓦的建筑。

一进东侧门有带廊东房3间，是回事处，相当于
传达室，北面是一间垂花门，经常关闭。门的东西两
侧各有一段院墙。这两段墙都到正所东楼后北山墙处

截止，北面是一段墙，有个大门，车马到此处停止。

门内东面从南到北是一段墙。墙南端有一个随墙门，门内是一个四方院，北房3间，东房2间，是做厨房用的，东墙北端也有一个随墙门通往书房。西面有西房6间。北面3间正中一间是穿堂门。出穿堂门就是正所的二层殿院内。

北面是一段院墙，有一个屏风门。门内有带廊西房3间，也就是正所二层殿的东厢房。这里叫随安堂，是会客的地方。北面是一段院墙，有一个屏风门经常关闭。东面是一段院墙，在北端有一道屏风门通往梧桐院。平时都是从这里出入，虽不是东所的主体，但它是重要的通路。

在东侧门的东面还有一个小门，进门是一个小院，院内有一眼甜水井，全府饮用水都是用这里的。此外，府里官员的家属居住在附近的，也都用这个井里的水。

屏风 是古时建筑物内部挡风用的一种家具。屏风作为传统家具的重要组成部分，历史由来已久。屏风一般陈设于室内的显著位置，起到分隔、美化、挡风、协调等作用。它与古典家具相互辉映，相得益彰，浑然一体，成为家居装饰不可分割的整体，而呈现出一种和谐之美、宁静之美。

■清代红木家具

■ 清代青花童子祝
寿图插屏

抄手游廊 我国
传统建筑中走廊
的一种常用形
式。多见于四合
院中，连接和包
抄垂花门、厢房
和正房。它既可
供人行走，又可
供人休憩小坐，
观赏院内景致。
抄手游廊的名字
是根据游廊线路
的形状而得名
的。一般抄手游
廊是进门后先向
两侧，再向前延
伸，到下一个门
之前又从两侧回
到中间。

东侧门内垂花门里有一个四方院，四面是墙，只在北墙正中有一道屏风门。从屏风门到垂花门是一条砖甬路，其余都是土地，是为练习骑马用的。四周花木扶疏，东墙下有一水池，是为夏季种荷花之用。

池旁有一株马尾松，枝杈伸展很远，有木架支撑着。正面有带廊瓦房5间，是书房。左右各有一段院墙。书房中3间是明间，一边一个暗间。在书房廊子两头山墙上各开一个小门。

出东小门有一个小院，北房3间叫陈华馆，是会客用的。西面小门外同样有一个小院，有3间北房，是管理书房的人住宿的地方，在这个院的西墙有一个随墙门。

书房正间隔扇后有一个后门，书房后面是一个长方院，院里种些花木。北墙正中是一道屏风门。门外是一个东西长的长方院。

院内有四棵梧桐树，人们叫它梧桐院。西墙有一个屏风门，它是里外出入必经之路。东面有东房一间，堆放杂物，房后是更道。

北面正中是一间垂花门。一进门左右是抄手游廊。正北面是前后带廊北房5间，每边有两间耳房。

正房是两个明间，西边一个暗间，东边两个暗间。

东厢房3间，南边有一个耳房。西厢房3间，南面有一间耳房，耳房旁有一个小门，门内有一个小院是男厕所，西厢房后面是女厕所。

在东西厢房前面各有一棵柿子树，正房的东耳房后墙有一个后门，通往后院。后面也是四面游廊。北房5间，东厢房5间，南面有一间耳房，这里有炉灶，是烧水的地方，有一个后门通更道。

西厢房五间两面都有廊子，中一间是穿堂，北面两间存放箱笼杂物，院内也有两棵大楸树。树前有假山石，将院落分成南、北两部分。

中央有一条甬路穿假山而过。假山前有两个牡丹花圃，种有牡丹、芍药等。这个院的后半部北房前，种有西府海棠、李树、樱桃等。

北房有后门通后院。后院是一个东西长的长方

耳房 正房的两侧还各有一间或两间进深、高度都偏小的房间，如同挂在正房两侧的两只耳朵，故称耳房。通常有两个，也有不止两个的，可以在这里进行一些进房的准备。耳房各为仓库、厨房，外院多为用人居住。

■ 清代书房

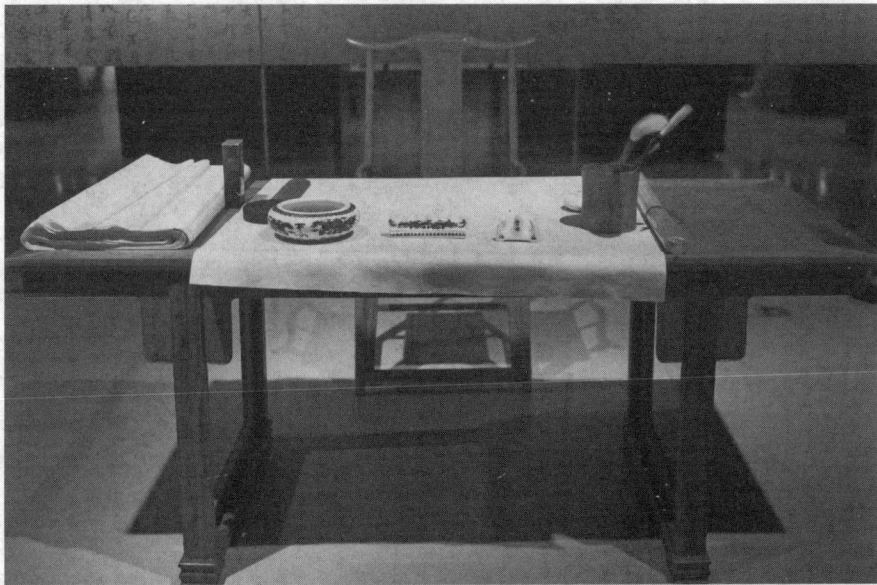

轿 一种靠人或畜扛、载而行，供人乘坐的交通工具，曾在东西方各国广泛流行。就其结构而言，轿子是安装在两根杠上可移动的床、坐椅、坐兜或睡椅，有篷或无篷。轿子最早是由车演化而来的。轿子在我国大约有四千多年的历史。据史书记载，轿子的原始雏形产生于夏朝初期。因其所处时代、地区、形制的不同而有不同的名称。如肩舆、兜子、眠轿、暖轿等。

院，院内有香椿树两棵。东面是一段院墙，墙外是厕所和更道。西面有一段墙，有月亮门通西小院。这个院北面是后府墙，西面有3间西房。

西面有一段西墙，南到牡丹院西厢房的房山角下厢房后廊北头房山，开一个筒子门，这个院就是正所东面墙的屏风门外。

门内由一段假山相隔，西面就是正殿的东房山，院中央有假山做基础，上面有带廊瓦房3间，房后还有假山做基础，上面有一个亭子，题名"梦亭"。后面就是后府墙，东面是一段墙。

西面一段墙有门通往正所的后楼院，这里树木阴森，颇为幽静。在这个院南面假山后有北房3间，院里没有门。门是开在房山的，即牡丹院西南角游廊上，这个屋是木板地，是为做库房用的。

南面正中有一个比较厚的木板门从里面锁起来。门旁每边开一个小窗户。门外就是正所东配殿的后面；东所的西墙后面是一个南北长的长条院。南面一段院墙，有一个屏风门从里面紧锁着。

■ 清代红木家具

西侧门里实际就是马号，这里是一个独立的院落。西面都是房屋，有放车的车库，里面放着大小鞍车、方车、马车、轿子、班车等，有马棚，总之这里是一个车马大院，但是在这个院的北面正中一间高大的凸前的房屋里面供着马王神的塑像。

左右的房子是车夫、轿夫、马夫的住所。这个院与里面不通，北房后从东到西是一段高墙，与后面隔绝。

马号后部即是西所。这里有单档房，是保管与宗人府等各机关往来公文的地方。西面一段墙有一个门，门内是一个四方大院。只有带廊北房7间，正中有3间厦，这里就是1900年后迁过来的神殿。东两间前窗设有煮肉大锅。西面是神厨，还存放着萨满跳神的用具，如腰铃及其他乐器等。

院子的南面有一个四方木栏杆，其中竖立着神杆子。院的西墙北端有一个门通到西小院，这是一个空院，西墙就是西府墙，北面墙有一个门，门内有一个大院，东面隔墙就是正所。

北面从东到西有一段院墙，这个院空落落的，只有3间西房，是值班人住宿用的。北墙正中有一个屏门，门内是一个东西长的长方院，院内种着松柏

规模宏大

顺承郡王府

■ 清代皇族狩猎图

神龛 一种放置神明塑像或者是祖宗灵牌的小阁，规格大小不一，一般按照祠庙厅堂的宽狭和神位的多少而定。比较大的神龛有底座，是一种敞开的形式。祖宗龛无垂帘，有龛门。神佛龛座位不分台阶，依神佛主次设位；祖宗龛分台阶按辈分自上而下设位。因此，祖宗龛多为竖长方形，神佛龛多为横长方形。

树等，北房7间是王府的影堂，也就是祠堂。是一通联没有隔断的7间房，每一间都有红漆描金大神龛一座，供着七代祖先。

王府后院是花园，建筑结构虽然与郡王府万米绿地融为一体，但其建筑风格却自成一体。郡王府花园是一处北派风格的王府园林，具有皇家园林的风范。在花园的设计方面，严格依照我国传统造园手法，由水系、建筑、山石、花木构成郡王府花园四大要素，水系与建筑构成全园的骨架，山石和花木是整个园子的画龙点睛之笔。

由于面积较小，因此郡王府花园的整体布局没有太大的起伏，园林设计在细节上下功夫，精雕细琢，突出我国古典园林的特色，充分体现书法、诗词、雕刻等传统文化。

花园一潭1000多平方米的湖面上，四周驳岸以自然山石处理，形成自然蜿蜒之势，湖周边依照春、夏、秋、冬四个季节——形成4个不同的区域，形成"春园""夏韵""秋妆"和"冬姿"4个主题景致。郡王府花园以其"四季有景，步移景异"的园林景观，必将成为我国传统园林的典范之作。

阅读链接

1917年，第十五代顺承郡王讷勒赫去世，其子文葵仍被已逊帝位的溥仪封为顺承郡王，但家境远不如前。

1921年，顺承郡王府卖给奉系军阀张作霖。张作霖入居北京时，占用王府作为大元帅府，这里是我国北洋军阀的政治和军事中心，曾经煊赫一时。

1949年后，顺承郡王府成为中国人民政治协商会议常设机构的办公地点。于王府正门外建起政协礼堂，中路主要建筑基本保存完整。东路前后数层院仍保存原有格局。

1984年定为北京市重点保护文物。

恭王府

　　恭王府坐落于北京什刹海畔，它历经了大清王朝乾隆、嘉庆、道光、咸丰、同治、光绪、宣统七代皇帝的统治。

　　这座王府如一面镜子，见证了清王朝由盛而衰的历史进程，承载了极其丰富的历史文化信息，故有了"一座恭王府，半部清代史"的说法。

由和珅府邸到恭王府的变迁

　　恭王府坐落于北京内城前海西街17号，左依什刹海，背靠后海，整个府邸总计占地约5.3万平方米，相当于中山公园的一半，因它的清代最后一位府主恭忠亲王奕䜣而得名。

　　目前府邸内，和珅宅第时期代表性的建筑主要有两处：一个是"嘉乐堂"，是后来府邸中路的最后一进正厅，5开间，大门正上方现

■恭王府内嘉乐堂

■ 曾是和珅宅邸的
恭王府

悬有"嘉乐堂"匾额，传为乾隆帝御赐和珅的。

另一个是"锡晋斋"，原名"庆宜堂"，源于乾隆帝所赐"庆颐良辅"匾额。锡晋斋是西路院落最后一进的正厅，7开间，前后出廊，后檐带抱厦5间。正厅的东西北三面是两层的楼，上下安装了雕饰精美的楠木隔段。

虽然恭亲王是这座府邸的最后一任府主，但这座宅院却并不是特地为他新建的。

这所宅院的始建者是清朝乾隆时期权倾朝野的大学士、臭名昭著的大贪官——和珅。和珅出身满洲正红旗，姓钮祜禄氏，没有文韬武略，但却十分善于言辞，深受乾隆帝的宠信，历任御前侍卫、正蓝旗满洲副都统、太子太保、军机大臣、御前大臣、议政大臣、户部尚书、领侍卫内大臣、镶蓝旗满洲都统、四库馆正总裁、大学士等职，并被封为一等忠襄公。

和珅（1750—1799），曾兼任多职，为皇上宠信之极，官阶之高，管事之广，兼职之多，权势之大，清朝罕有。他还是乾隆帝的亲家翁，其子丰绅殷德被指定为皇帝最宠爱的十公主的额驸。和珅后被嘉庆帝赐死。

■ 恭王府内的嘉乐堂匾额

丰绅殷德

（1775—1810），丰绅殷德，自号天爵道人，乾隆时期权臣和珅的长子，纽祜禄氏，满洲正红旗人。1780年，乾隆帝赐名丰绅殷德，指其为固伦和孝公主的额驸，历官御前大臣、护军统领兼内务府总管大臣，总理行营事务等。

甚至，乾隆帝还将自己最宠爱的的十公主固伦和孝公主赐婚给和珅的儿子丰绅殷德。和珅用他聚敛的大量钱财修建了府第，无论是在规模上还是豪华程度上都不亚于后来的恭王府。

如今，恭王府中的"锡晋斋""葆光室""嘉乐堂"等建筑据说就是和珅时期留下的。

和珅死后，这座府第被一分为二，一部分仍由和珅的儿子丰绅殷德与和孝公主居住，另一部分则被赐给了嘉庆帝的兄弟庆郡王永璘。

永璘是乾隆帝的第十七子，他对和珅的宅邸心仪已久。据说在做皇子的时候，诸王兄弟聚会，说到和珅都十分痛恨，纷纷表示今后要将其绳之以法，只有永璘说：我没有什么大的志向，只希望日后分府的时候能够得到和珅的宅子我就心满意足了。一位皇子竟将得到和珅的宅邸当作自己的最大愿望，足以说明此宅的华贵。嘉庆帝登基后，扳倒了和珅，果然将其府邸赏给了永璘。

在永璘住进去之前，内务府按照郡王府的规制进行了改建。由于府内还居住乾隆帝最小的女儿固伦和孝公主和只准在京闲住的散秩大臣、额驸丰绅殷德。庆王永璘只能占用一半或一多半作为府邸。这样，这座宅第也就因此一分为二，西为庆亲王府，东为公主府。

1823年和孝公主死去，整座府邸才全归了庆亲王府。而丰绅殷德已于1815年死去，这时永璘已经死去3年多了。

按照清制，除世袭罔替的王外，亲王、郡王需递降等级承袭，当世袭递降到与原封爵所赏赐的府邸不相符时，皇家如果需要，可以收回原来府邸，根据现

固伦和孝公主 清高宗乾隆帝第十女。她是乾隆帝在65岁时出生的，性格活泼，能骑善射，深得乾隆帝宠爱。乾隆帝认为她是性格和自己最像的孩子。无论男女，固伦和孝公主都是乾隆帝最爱的。

■ 恭王府内的葆光室匾额

■ 亲王骑马画像

北京著名王府的景致

奕䜣（1833—1898），道光帝第六子，咸丰帝同父异母兄弟，道光帝遗诏封"和硕恭亲王"。统称"六王爷"；清末洋务派、总理衙门首领，保守派对其鄙称"鬼子六"。身后谥"忠"。

奕劻（1833—1898），清末大臣。爱新觉罗氏。乾隆帝第十七子永璘的孙子，辅国公绵性长子。1898年慈禧太后封世袭罔替庆亲王。清末新政时期领班军机大臣，废军机处后，首任内阁总理大臣。

有封爵另行赏赐。永璘于1820年临终前才得亲王称号。

永璘病卒后，其子绵愍降袭郡王。1836年，绵愍卒，继子奕綵袭郡王爵。但他于1842年以服中纳妾交宗人府议处，其向宗人府官员行贿之事又被道光帝知道了，而被革爵退回本支。以永璘第五子镇国公绵悌奉永璘祀，后又生事，降至镇国将军。

1849年，绵悌卒，以永璘第六子绵性之子奕劻为后，承袭辅国将军。辅国将军级的奕劻已不适合住在原来的庆郡王府内，于是，他遵照内务府的安排，迁往定阜大街原大学士琦善的空闲宅第中。

1851年，咸丰帝封同父异母弟奕䜣为恭亲王，同年，将辅国将军奕劻的府邸赏给奕䜣居住。1852年，奕䜣迁入府邸。奕䜣在迁入府邸之前，内务府在原庆郡王府的基础上进行了整修，以便更符合亲王规制。

府邸的中路轴线上有两进宫门，一宫门，即王府的大门，3开间，前有石狮一对。二宫门5开间，二门内就是中路正殿及东西配殿，这是王府最主要的建筑，只有逢重大节日、重大事件时方才打开。由于府主的一次不慎失火，目前正殿和东西配殿现已无存。其后为5开间硬山顶前出廊的后殿及东西配殿，后殿即为"嘉乐堂"。

东路轴线上后来只剩下两进院落，正房和配房都是五开间硬山灰筒瓦顶，头进正厅名为"多福轩"，用小五架梁式的明代建筑风格，是奕䜣会客的地方；后进正厅名为"乐道堂"，是奕䜣的起居处。

西路建筑小巧精致，中进院正厅五开间，名为"葆光室"，两旁各有耳房3间，配房5间；后进院正厅即是"锡晋斋"，东西配房各5间，东房名为"乐古斋"，西房名为"尔尔斋"。

在葆光室和锡晋斋之间，为"天香庭院"。再往后，便是收三路院落为尽头的后罩楼。后罩楼高两层，呈门形，东部为"瞻霁楼"，西部为"宝约楼"，东西贯连100多间房屋。

恭王府花园名叫萃锦园，正门坐落在花园的中轴线上，是一座具有西洋建筑风格的汉白玉石拱门，名为"西洋门"。门额石刻：外为"静含太古"，内为"秀挹恒春"。门内左右都有青石假山。

石刻 是造型艺术中的一个重要门类，在中国有着悠久的历史。石刻属于雕塑艺术，是运用雕刻的技法在石质材料上创造出具有实在体积的各类艺术品。我国古代石刻种类繁多，古代艺术家和匠师们广泛地运用圆雕、浮雕、透雕、减地平雕、线刻等各种技法创造出众多风格各异、生动多姿的石刻艺术品。

■ 恭王府内建筑

■ 恭王府锡晋斋

蝙蝠 由于蝙蝠的"蝠"字与福气的"福"字谐音，因此在中华文化中，蝙蝠是幸福、福气的象征，蝙蝠的造型也经常出现在很多中华传统图案中，如"五福捧寿"就是五个艺术化的蝙蝠造型围绕着一个"寿"字图案。

正对着门耸立的是一长型太湖石，谓为"独乐峰"，其后为一蝙蝠型水池，称"蝠池"，"蝠"通福也。园内也基本分作东、中、西三路。

和珅自称是万福之人，因此特别中意"福"字，蝙蝠就是取"福"字的意思了。据不完全统计，恭王府内有9999只蝙蝠样式的雕刻和装饰，建于石山上的福厅更像一只展翅的蝙蝠，中厅像蝙蝠的身子，侧厅像蝙蝠的翅膀。

中路轴线上在"蝠池"之后就是一座5开间的正厅，名为"安善堂"，东西配房各3间，东配房为"明道堂"，西配房为"棣花轩"。

安善堂后为众多太湖石形成的假山，山下有洞，名曰"秘云洞"，恭王府的"福"字碑为康熙帝御笔之宝，就隐于密云洞中。

"福"字碑，高约1米，谓之"洞天福地"，综观康熙皇帝亲笔所书的这个"福"字刚劲有力，颇具气势，右上角的笔画像个"多"字，下边为"田"，而左偏旁极似"子"和"才"字，右偏旁像个"寿"字，故整个"福"字又可分解为"多田多子多才多寿多福"，巧妙地构成了福字的含义，极富艺术性，且意味深长。更为珍贵的是碑的右上方，刻有康熙帝的玉玺以镇福，因此，此"福"字被誉为天下第一福。

关于"福"字有个传说，说康熙帝为了给母亲治病，写了个"福"字，母亲拿到字后身体日渐恢复。

后来"福"字失踪，在和珅被抄家时，发现被刻在恭王府的石碑上，石碑连着山底，上盖着房子，山呈两条龙的形状，如果把"福"取走，只有把山拆掉，但山上有两条龙，就是说"山倒龙倒皇帝倒"。"福"字最终没被取走，永远留在了恭王府中。

假山上有3间敞厅，名为"邀月台"。中路最后有正厅5间，其状如蝙蝠之两翼，谓为"蝠厅"。

东路第一进院落有垂花门，门的右前方有亭，是为"流杯亭"。垂花门内有东房8间和西房3间，院北即为"大戏楼"。

西路最前面有一段20多米左右的城墙，其门称"榆关"。榆关内有3间敞厅，名为"秋水山房"，东面的假山上有方亭一座，名为"妙香

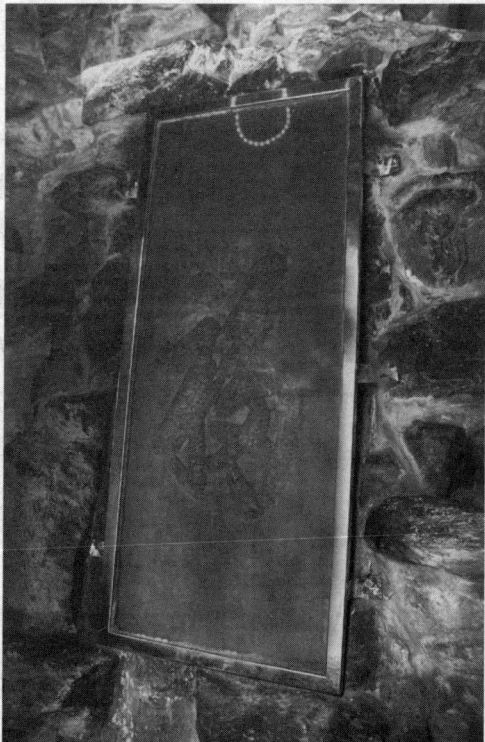

093

半部清史

恭王府

■ 恭王府内康熙御笔"福"字碑

■ 恭王府内拱门

禄米 用作俸禄的粟米，古代官员俸禄，以米粮计算，故称"禄米"。清代发俸银与禄米两种，按不同身份和职司可分为八大系列。每年春秋两季发给，春季以正月二十为限，秋季以七月二十为限。

亭"，西侧有西房3间，名为"益智斋"。

榆关正北有方形大水池，池心有水座3间，名为"观鱼台"。池北有5开间卷房，名曰"澄怀撷秀"，其东耳房为"韬华馆"，西耳房已不存。

恭王府在鼎盛时期，府中除了王爷和王族成员以及法定官员外，还有众多的差役、管事。分别为：佐领处20多人，管理领取、发放钱粮等事。每季要到禄米仓去领取王爷禄米700余担，每担150斤，一年合42万斤，并发放用人工资，每人最多不超过五两银子。

随侍处10余人，管理府内日常杂事，此外就是接迎王爷。王爷外出，他们穿上官服，在府门外排班跪送。王爷回府时，站在大门外排班迎接。见到王爷的乘轿或骑马到了，齐声高喊："爷回来了"。

外账房10多人，管理对外开支。此外，还有档子房、回事处、煤炭房、内茶房、大厨房、书房、后花园、马圈等，每处都有用人和役工。府内还有太监30多人和为数众多的丫鬟、婢女、奶妈等。

这样庞大的王府，开支自然是惊人的，如果仅靠朝廷给王爷的俸禄自然是不够的。王府主要经济来源是地租。

恭王府在关内共有土地约4.7万公顷，分布在直隶省即后来河北省的200多个县内。在关外有4个大庄园，每个庄园有地数千顷，共计万余顷。这些土地除一部分是皇帝赏赐外，其余大多是王府逐年添置的。

王府设有庄园处来专门管理王府所拥有的土地，每年收租一次。王府收租在八月节之后，庄园处20多人全要下去外，还要从内账房、外账房、管事处、回事处抽人，每次收租人员达100多人。

这些人分头到各县，先给县官送一份礼物，由县里或打或罚限期交款。恭王府每年的地租收入大约是

地租 是指凭借土地所有权从土地使用者那里获取的收入，租给别人使用的权利，土地所有权在经济上的实现形式。在春秋战国时期，自中原地区开始，劳役地租逐渐衰落而被实物地租取代，残余却保持到清末，有的到民国年间。

■恭王府趣园

王府胜景

北京著名王府的景致

■ 恭王府幅厅

18万元现洋。

恭王府后来的主人奕䜣，是道光帝六子，咸丰帝异母弟。他是咸丰、同治、光绪三朝的名王重臣，洋务运动的领导者，为中国近代工业创始和中国教育的进步作出了贡献。

奕䜣是晚清新式外交的开拓者，建议并创办了中国第一个正式外交机关，即总理各国事务衙门，使清朝外交开始步入正轨并打开新局面。他积极出谋献策镇压太平天国起义，挽救清朝危局，迎来同治中兴。

然而奕䜣命运坎坷，他支持慈禧太后北京政变，得到了委以重任的报答，但随即而至的是慈禧太后的不安和打击。后期他在统治集团内部浮浮沉沉，意志消沉，无所建树。

1851年，奕䜣封恭亲王。1853年在军机大臣上行走。1854年，连封都统、右宗正、宗令。

■ 恭王府银銮殿

1855年，其母孝静成皇后去世，奕䜣为其母争封号，被免去军机大臣、宗令、都统的职位，1857年才恢复他的都统，1859年又被授内大臣。

1860年，英法联军进攻北京，咸丰帝逃往承德，奕䜣临危受命，担任议和大臣。9月15日、16日两日，奕䜣分别与英使、法使签订《中英北京条约》与《中法北京条约》，挽救了清王朝的命运。

奕䜣主持议和以及进行的大量的善后事宜赢得了西方对他的好感，为他以后外交活动创造了条件。在议和期间他笼络户部侍郎文祥、文华殿大学士桂良、总管内务府大臣宝鋆、副都统胜保，形成了一个新的政治集团。这是他通过议和捞到的政治资本。

1860年12月初，奕䜣、文祥、桂良上《通筹夷务全局酌拟章程六条折》，分析了各列强国特点，认为太平天国和捻军是心腹之患，英、俄是肢体之患，应以灭内患为先，然后对付俄国和英国。这媚外之策为

衙门 旧时称官署为衙门。其实衙门是由"牙门"转化而来的。衙门的别称是六扇门。猛兽的利牙，古时常用来象征武力。"牙门"系古代军事用语，是军旅营门的别称，营中还出现了旗杆端饰有兽牙、边缘剪裁成齿形的牙旗。于是，营门也被形象地称作"牙门"。

■ 恭王府佛楼

曾国藩（1811—1872），晚清重臣，湘军的创立者和统帅者。清朝军事家、理学家、政治家、书法家，文学家，晚清散文"湘乡派"创立人。洋务运动主要领导人之一，晚清"中兴四大名臣"之一。

后来借师助剿，镇压太平天国奠定了理论基础。

根据奕䜣自己的观察，他认为外国人并非"性同犬羊"，英国"并不利我土地人民，犹可以信义笼络"。清政府把列强只当作"肢体之患"，认为"可以信义笼络"。

折子还提出要成立总理各国事务衙门；设南北口岸管理大臣；添加各口关税；要求将军督抚办理国外事件互相关照，避免歧误；要求广东、上海各派两名懂外语的人到京以备询问；将各国商情和报纸汇集总理处。

12月10日，总理各国事务衙门设立，出现了军机处以外的另一中枢政府机构。自此，清朝有了专门的外事机构，使清代的外交产生重大突破。衙门还领导了后来的洋务运动。

咸丰帝去世后，奕䜣成为实力派人物。1861年，他协助慈禧太后，发动了辛酉政变，处治了咸丰帝临终前立的8个顾命大臣，载垣、端华、肃顺、景寿、穆荫、匡源、杜翰、焦佑瀛。

其中，怡亲王载垣和郑亲王端华被勒令自尽，大学士肃顺被斩首示众，军机处里原来的顾命大臣穆荫、匡源、杜翰、焦佑瀛全部免职，换成文祥等人，全面控制了中枢机关。

由于奕䜣在辛酉政变中的出色表现，他被授予议政王大臣，在军机处担任领班大臣。从咸丰帝授权恭亲王办理与各国换约事宜的上谕同治元年开始，他又身兼宗人府宗令和总管内务府大臣，从而控制皇族事务和宫廷事务大权。他以总理各国事务衙门王大臣的职务主管王朝外交事务，自此总揽清朝内政外交，权势赫赫。

19世纪60年代至90年代，为了求强求富，增强镇压太平天国和抵御外侮的能力，奕䜣支持曾国藩、左

咸丰帝（1831—1861），道光帝第四子，是我国历史上最后一位掌握实际统治权的皇帝。在位时，太平天国起义如火如荼，又遭遇英法联军侵略中国，他依靠湘军，抑制住了太平天国起义。对英法联军也派兵抵抗了，但是缺乏精力，最后失败，1861年在承德病故。

■ 恭王府编钟

■恭王府龙王庙

安德海 清末宦官，进宫后在咸丰帝身边为御前太监。由于他聪明伶俐，很快就得到了咸丰帝和那拉氏的好感。咸丰帝死后安德海成为慈禧心腹，干预朝政，打压恭亲王等。1869年，他奉慈禧太后之命，到江南采办服饰，走到山东地方，被当时官员擒获处决。

宗棠、李鸿章等大搞洋务运动，以兴办军事工业为重点，也兴办民办工业，近代工业从此起步。

为了洋务事业，兴办新式学校，派出留学生，促进近代教育事业发展。奕䜣奏请两宫太后重用曾国藩，与列强极力维持和局，借师助剿，终于镇压了太平天国，赢得了同治中兴，奕䜣获得"贤王"美称。

奕䜣是洋务派领袖。但他为清流派所鄙视，被呼为"鬼子六"。奕䜣支持曾国藩等办洋务，但他又主张削弱地方势力，引起湘淮势力的不满；奕䜣办洋务，清廷中倭仁等顽固派不满；由于奕䜣权力受限，不能满足列强的要求，列强对他也开始不满。

慈禧太后利用了奕䜣，也给予了奕䜣巨大权力。但随着奕䜣地位高升和声名鹊起，恭亲王奕䜣又引起了慈禧太后的不安。于是慈禧太后利用一切机会对他进行打击，使奕䜣一直浮浮沉沉。

1865年，编修蔡寿祺弹劾奕䜣，说他揽权纳贿，徇私骄盈，太后命令查办，就以其目无君上，免去议政王和其他一切职务。朝中大臣求情，慈禧太后才允许他在内廷行走，并管理总理各国事务衙门，但免去了议政王职务。这是奕䜣遭受的第一次打击。

1869年，奕䜣支持杀掉慈禧太后亲信安德海，为慈禧太后所恨。1873年，奕䜣劝谏同治帝不要修治圆明园，触怒了慈禧太后。1881年，慈安太后去世，奕䜣更为孤立。反复浮沉磨平了奕䜣往日的棱角，挫折了他的锐气，遇到大事他提不出应对的策略。

中法战争中，奕䜣为首的军机处对于战与和拿不定主意，军队节节败退。1893年，慈禧太后借口奕䜣"委靡因循"免去他的一切职务，奕䜣集团全班人马被逐出军机处和总理各国事务衙门。

1894年，清廷又起用奕䜣为总理衙门大臣，并总理海军，会办军务，内廷行走，但毫无作为。1898年奕䜣病故，终年66岁，谥"忠"。奕䜣病逝以后，王

■ 恭王府爬山廊

北京辅仁大学

爵由奕䜣次子载滢之子溥伟为载澂嗣承袭，继续住在府中，其胞弟溥濡携眷住在园中。

清室覆亡后，小恭亲王溥伟于1914年住到青岛开始从事复辟活动。由于开支巨大，年年入不敷出，不得已由溥伟将所绘王府蓝图作抵押，无法偿还巨额债款，府邸部分则全部抵给了教堂。后由有教会背景的辅仁大学，用108根金条代偿了全部债务，府邸的产权遂归了辅仁大学。

辅仁大学将府邸部分作为女院，并把后罩楼通向花园的通道砌死，府邸和花园开始分隔开了。"七七事变"后，溥濡也将花园部分地面建筑卖给辅仁大学。

辅仁大学将大戏楼改为小型礼堂，并将花园中的花房和花神庙拆掉，建起了司铎书院楼。自此，花园成了辅仁大学神职人员居住和活动的地方。

阅读链接

新中国成立后，恭王府作为北京艺术师范学院校舍及中国艺术研究院办公和教学地点。1982年被国务院列为全国重点文物保护单位，1982年建立修复管理机构。

1988年6月，恭王府花园部分对外开放。2008年经修复后全部对外开放，恭王府目前是我国首个王府博物馆。

保存最完整的清代王府

　　恭王府前半部是富丽堂皇的府邸，后半部为幽深秀丽的古典园林。其府邸建筑庄重肃穆，尚朴去华，明廊通脊，气宇轩昂，仅次于帝王居住的宫室。

　　恭王府府后的萃锦园衔水环山，古树参天，曲廊亭榭，富丽天

■恭王府建筑布局模型

■ 恭王府大门

四合院 是华北
地区民用住宅中
的一种组合建
筑形式，是一种
四四方方或者
是长方形的院
落。一家一户，
住在一个封闭式
的院子里。四合
院建筑，是我国
古老、传统的文
化象征。"四"
代表东西南北四
面，"合"是合
在一起，形成一
个口字形，这就
是四合院的基本
特征。

然；其间景致之变无常，开合有致，实为我国园林建
筑的典范。

恭王府南北长330米，东西宽180米。作为清朝皇
族的古建园林，由府邸和花园两部分组成，总占地面
积约6万多平方米，其中府邸约3.2万平方米，花园占
地2.8万平方米。

恭王府内的建筑分东、中、西三路，由南向北都
是以严格的中轴线贯穿着的多三进四合院落组成，布
局分明；东路去朴尚华、中路庄严肃穆、西路古朴典
雅，三路自成一体又和谐统一。

在这些房屋中既有体现皇家气派和威严的建筑，
又有来自民间精巧的建筑和装饰风格，构成了王府文
化的最大特点。花园融江南园林与北方建筑格局为一
体，汇西洋建筑及我国古典园林建筑为一园。

恭王府既是清代王府建筑的重要代表之一，也是
中国传统建筑及造园技艺最成熟时期的重要表现。

王府的正殿，俗称"银安殿"，是王府内举行重要礼节性活动的场所，在殿内中心位置摆放一组屏风和亲王的宝座。与故宫的金銮殿相对应。

最初的银安殿连同东西配殿在内的整个院落于1921年农历正月十五元宵节夜因烧香失火被毁。

银安殿是按照当时严格的清廷建筑规制、王府建筑中的最高规格屋顶、歇山顶修复而成的。王府正殿的屋顶覆盖绿色琉璃筒瓦、屋脊上绿色琉璃吻兽，配殿屋顶为灰筒瓦，这是明示亲王的地位。

在古建筑里，门钉只在板门上使用。当初用来提防敌人用火攻城，所以在涿弋上涂满了泥，起防火作用。门钉一般是铜制的。清朝则对门钉的使用有一定的规制。皇家建筑，每扇门的门钉是横竖各九路，一共是九九八十一个钉。

九是阳数之极，象征帝王最高的地位。因为帝王庙是供奉历代帝王的，所以也是横竖九路门钉；王府

■恭王府银安殿

匾额 是古建筑的必然组成部分，相当于古建筑的眼睛，也就是悬于门屏上的牌匾。其含义就是悬挂于门屏上作装饰之用，反映建筑物名称和性质，表达人们义理、情感之类的文学艺术形式即为匾额。但也有一种说法认为，横着的叫匾，竖着的叫额。

■ 恭王府乐道堂

七路乘七路，但是亲王府七路乘九路；再往下就是五路乘五路。

东路前院正厅名 "多福轩"，此院俗称 "藤萝院"。正殿在和珅时期称 "延禧堂"，是和珅之子与公主的居所。恭亲王时期称 "多福轩"，是王府的穿堂客厅，主要用于主人日常接待来客、亲友或前来回禀公事的下属，兼用作存放皇帝送来的礼物。

"多福轩" 的匾为咸丰帝所题。意为幸福很多的殿堂。殿内正中悬挂 "同德延禧" 匾额，意在告诫主人：你与皇帝同德才能延禧，"禧" 即吉祥如意、福寿绵长之意思。殿内四壁靠近天花板的地方皆悬挂福寿字匾，这些福寿字均写于红色方纸之上呈梭形摆放，一福一寿成对制成匾额。

清代自康熙以后，每年入冬，皇帝都要亲自书写 "福" "寿" 字，颁赐给王公大臣和后妃。逢重大生日庆典，还会加赐 "寿" 字。按惯例，旧年的福寿字

斗方不能揭去，而是将新赐的福寿字斗方直接贴在旧的上面，取"增福添寿"之意。

屋梁上有保留下来的乾隆时期的凤和玺彩画，虽然仅残留局部的凤尾图案，却有特殊的价值，它的存在证实了府邸东路曾为公主府。

乐道堂是东路建筑中最大的一处，也是最后一进院落，正房名"乐道堂"。室内梁上至今保存了200多年前清中期包袱锦地彩画和凤凰主题彩画，表明和珅时期这里曾是公主的居所。到了恭亲王时期这里是王爷的居室。现在室内按恭亲王居住时的原样陈列。

"乐道堂"的匾额是道光帝亲笔所书赐给奕䜣的，"安身乐道"表达了一位父亲希望儿子称心如意、幸福吉祥的美好心愿。

乐道唐之后的嘉乐堂是和珅时期的堂号，"嘉乐堂"此匾相传是乾隆帝赐给和珅的。恭亲王时期为"神殿"，即王府举行萨满教祭祀活动的地方。

■ 恭王府多福轩内的匾额

和玺彩画 又称宫殿建筑彩画，这种建筑彩画在清朝时期是一种最高等级的彩画，大多画在宫殿建筑上或与皇家有关的建筑之上。和玺彩画根据建筑的规模、等级与使用功能的需要，分为金龙和玺、金凤和玺、龙凤和玺、龙草和玺和苏画和玺等五种。

■ 恭王府锡晋斋

府邸西路的四合院较中、东路更为精致，主体建筑为葆光室和锡晋斋，此路建筑初为和珅的住所。

"葆光室"在和珅和庆王时期据推测应为客厅之用，在恭亲王时期，是一处比多福轩更为私密的客厅，能来这里的应该都是王爷的至亲好友。1852年，咸丰帝陪奕䜣的生母前来探望恭亲王的新府时，在此停留并题写了"葆光室""多福轩"匾额。

"锡晋斋"是府邸西路的最后一进院落，因为"天香庭院"的匾额而得名，"天香庭院"为慎郡王所题，院内正房锡晋斋不仅是恭王府建筑中的精品之作，其精美程度在整个京城的清代居室建筑中也是数一数二的。

锡晋斋面阔7开间，前后出廊，后檐带5间歇山顶抱厦，平面成"凸"字形。内部正中的3开间是敞厅，而东西北三面都有两层仙楼，上下安装了雕饰精美的楠木隔断，名贵的金丝楠木千年不朽，高超的木雕工艺精美绝伦。

　　殿内铺地为清代故宫都不多见的方块花斑子母石。天花板高达屋梁下，为海墁天花，色彩艳丽。柱础为覆莲柱础，雕刻之精美为恭王府所仅见。

　　据说，当时和珅特意买通太监去查看故宫的建筑，然后命令工匠完全仿造故宫宁寿宫的格局施工，屋内隔断用金丝楠木打造。

　　金丝楠，是非常珍贵的优质良材，而其生长旺盛的黄金阶段需要 60 年。由于木材的光泽很强，即使不上漆，也越用越亮。其清香千年不散，其材质千年不腐，虫蚁不侵。纹理顺而不易变形，所以名列硬木之外的白木之首，其木质价值也在一些硬木之上。

　　历史上金丝楠木专用于皇家宫殿、少数寺庙建筑和家具，古代帝王龙椅宝座都要选用优质楠木制作。

抱厦 我国古代建筑术语。是指在原建筑之前或之后接建出来的小房子。也就是围绕着厅堂、正屋后面的房屋。顾名思义，在形式上如同搂抱着正屋、厅堂。宋代管这样的建造形式的殿阁叫作"龟头屋"，清代时的叫法就是"抱厦"。

■ 恭王府锡晋斋内摆设

什锦 四川的蜀锦是非常有名的，大约在宋朝的时候，四川给皇帝进贡的东西里面，有"十样锦"，就是十种花纹的织锦，每种都有各自的名字，后来就把不同花色的相同类型的东西称作"什锦"，即是"十样锦"的简称。现在也把不同类型的相似的东西的混合体叫什锦。

恭王府花园又名锦翠园，园内布局、设计具有较高的艺术水平。造园模仿皇宫内的宁寿宫。全园以"山"字形假山拱抱，东、南、西面均堆土累石为山，中路又以房山石堆砌洞壑，手法颇高。山顶平台，成为全园最高点。居高临下，可观全园景色。

恭王府的"三绝一宝"是最著名的景点，园内的"罩楼"是恭王府的第一绝，所谓"绝"，是指其长度为各清代王府建筑规制中后罩楼之最，且楼的后沿墙上层有形状各异的砖雕什锦窗44扇。

罩楼为两层，每层45间，两层共计90间，拐角处有10多间未计在内，全长150多米，是国内王府类建筑最长的楼，被形容为"九十九间半"。"九十九间半"一说取紫禁城9999间的尾数，另说"谦受谥、满招损"，百为满。

后檐墙上每间上下两层各开一扇窗，下为长方

■ 恭王府后罩楼

■恭王府后罩楼

形，二层的窗户形式各异，竟然没有一扇是相同的，有圆形、方形、石榴形、卷书形、磬形、鱼形、蝙蝠形，等等，寓"福庆有余"之意，人称"什锦窗"。

据说罩楼是和珅的仓库，称"藏宝楼"，当年内藏金银财宝、珍珠玉器、绫罗绸缎不计其数。在乾隆帝死后嘉庆帝降旨，逮捕和珅，宣布和珅二十大罪状。抄得和珅的财产有多少，有不同的版本，不同抄家的清单，最多的记录抄没他的全部家产约有10亿两白银。当时清政府一年的总收入才7000万两白银，相当于10多年的国库收入之和。

和珅的家产比同时期法国国王路易十四多40多倍，是当时当之无愧的首富。当时流传"和珅跌倒，嘉庆吃饱"。

恭王府花园的正门西洋门就是第二绝，造型采用舒展流畅的西洋风格，是建筑中的精品。它仿圆明园

圆明园 坐落在北京西郊海淀区，始建于1707年，由圆明园、长春园、绮春园三园组成。有园林风景百余处，建筑面积约16万平方米，是清朝帝王在150余年间创建和经营的一座大型皇家宫苑。圆明园有"万园之园"之称。1860年，遭到英法联军的洗劫和焚毁。

■ 恭王府西洋门

影壁 也称照壁，古称萧墙，是我国传统建筑中用于遮挡视线的墙壁。影壁也有其功能上的作用，那就是遮挡住外人的视线，即使大门敞开，外人也看不到宅内。影壁还可以烘托气氛，增加住宅气势。影壁可位于大门内，也可位于大门外，前者称内影壁，后者称外影壁。

的大法海圆门制，由于圆明园已在1860年时被英法联军烧毁，所以这道门是流传至今保存最完好的汉白玉石拱门，因为两边的转花纹和花窗很有西洋建筑的味道，所以叫西洋门。

西洋门是恭亲王奕䜣时期建，恭亲王奕䜣是洋务运动的倡导者之一，他希望通过学习西方国家先进技术来拯救清王朝。门额石刻外为"静含太古"，内为"秀邑恒春"，取喧闹中存太古之幽静，满园秀色永为春的意境，是主人建园的指导思想。

进门迎面而来的是一块巨大的太湖石，名"独乐峰"，传为恭亲王奕䜣离园时所刻。这块秀丽的巨石高5米，不但点缀了园内景色，又起到了我国传统的住宅建筑中"影壁"的作用，当风水，使福气不出浊气不入。

抬头仰望，只见"乐峰"二字，而"独"字隐于石的顶端，这种方法耐人回味。"独乐峰"由于多年风化已经形成一种自然美，像软水漩涡，像淡云舒卷，古朴典雅而又富有诗情画意。

据说此石为和珅在南方所见，因其正面看像鱼，而背面看像送子观音。当时和珅膝下无子，于是将此石立于园中，不久便得了儿子。

绕过"独乐峰"这块大石，视野豁然开朗，正中有一凹字形的水池，因形似蝙蝠名为"蝠池"，"蝠"与"福"同音，有祈福的寓意。池四周种植榆树，又叫"摇钱树"。每年春末，榆钱纷落蝠池，寓意"福财满池"。"福"和"财"共佑主人吉祥富贵。为了福财不外流，所以蝠池的水为死水。

雕刻 对雕、刻、塑三种创制方法的总称。指用各种可塑、可雕、可刻的硬质材料创造出具有一定空间的具有可视、可触的艺术形象，借以反映社会生活、表达艺术家的审美感受、审美情感和审美理想的艺术。

蝙蝠是和珅最喜欢的动物，所以王府的墙壁上、栏杆上、花园里、屋顶上……到处都雕刻着或描画着蝙蝠。

旁边的小桥原为木桥，似虹卧波，横跨于园中小河与蝠池，冬季曾有豢养的仙鹤伫立其上，就木取暖。

正面是主人接待外宾的地方，叫安善堂。中路上的正房均应为南房，在此却为北房。因为有句话叫"前出廊后出厦"指前有走廊，后出厦是和房子连在一起的一面连房三面抱柱的亭子。此房正面朝北，

■ 恭王府独乐峰

半部清史

恭王府

潇湘馆 为曹雪芹所著《红楼梦》大观园中的一景，位于大观园西路，与怡红院遥遥相对，从其名称上就能看出这是一处带有江南情调的客舍，是林黛玉客居荣国府的住所。引用舜的潇湘二妃娥皇、女英的典故命名。

■ 恭王府假山龙头

正对着康熙帝的福字碑，以表尊敬。

流杯亭，又名沁秋亭，是主人约文人雅士们饮酒的地方。流杯亭取东晋大书法家王羲之的《兰亭集序》中"曲水流觞，修禊赏乐"之意，"曲水"是指亭内青石地面上刻有约10厘米宽的弯弯曲曲的流水渠道，水源就是假山后的二龙戏珠古井，"觞"是古人喝酒用的四角酒杯。

地上的水渠东西看像流水的"水"字，南北看像长寿的"寿"字，取水常流"寿"常有之意，也叫"水寿亭"。主人坐北朝南是正座，他脚下是收水口，也叫收财口，水不能停也不能浪费，要顺着地下的管道一直流到刚才看到的聚宝盆蝠池里，肥水不流外人田。

流杯亭的说法也是有来由的。据说，和珅和每次约请好友到此饮酒，酒酣之时，就要吟诗作对，酒杯漂流到谁的面前停下，谁就必须作诗，不能作诗的

■ 恭王府沁秋亭

人，就要被罚酒。可以想象，当年的和珅也算是一个风雅之士。

还有人说，流水出口的位置坐北朝南，主人和珅就坐在这里。过小寿的时候，杯子停到哪位客人跟前，客人就把备好的礼单放在杯中，最后杯子漂到和珅跟前，和珅在出水处坐收财礼。

亭内外装饰彩画，画面逼真，有虎虎生威、赶快归来图，北面是《二十四孝》中的小故事。亭子旁边是矮竹篱隔的一块菜地，称艺蔬圃，是当年和珅仿皇上"亲耕"的地方。过去八旗子弟有朝廷的俸禄，不事劳作，所以皇帝给大家做一个表率。

菜园的北侧是一处设计精巧的中式小院怡神所，院正中是一道垂花门，雕刻得极为精细，两边短柱像倒垂的花苞要迎风怒放，整个门像佛祖戴的毗卢帽，是等级最高的"毗卢帽式"垂花门，只有皇家专用，

《二十四孝》全名《全相二十四孝诗选》，是元代郭居敬编录，一说是其弟郭守正，第三种说法是郭居业撰。由历代二十四个孝子从不同角度、不同环境、不同遭遇行孝的故事集而成。由于后来的印本大都配以图画，故又称《二十四孝图》。为中国古代宣扬儒家思想及孝道的通俗读物。

■恭王府福厅

彩绘 在我国自古有之，被称为丹青。其常用于我国传统建筑上绘制的装饰画。我国建筑彩绘的运用和发明可以追溯到2000多年前的春秋时代。它自隋唐期间开始大范围运用，到了清朝进入鼎盛时期，清朝的建筑物大部分都覆盖了精美复杂的彩绘。

所以是和珅逾制的死罪。门前东边两棵珍贵的龙爪槐据说有三五百年了。

进入垂花门，小院布局严谨，西厅为"明道斋"，曾挂康熙帝所书"怡神所"匾，东为香雪坞，是女主人的休息处，有许多翠竹，相传这就是《红楼梦》潇湘馆的原型。

再往里是牡丹院，院内种有牡丹和紫藤萝架，牡丹是花中之王富贵的象征，而紫藤花开一串一串的，象征子孙兴旺。

院子北边就是著名的大戏楼，是恭王府的第三绝。建于同治年间，是恭亲王及其亲友看戏的场所。建筑面积685平方米，可容纳200多人，高大宏伟，气势不凡。

戏楼内厅堂很高大，分3部分，一是戏台、后台；二是中厅，亲朋好友坐的地方；三是后包厢，主人、女眷、贵宾坐的地方。

音响效果非常好，处在大堂最边远的贵宾席，戏台上的唱词也听得清清楚楚，这在设计上确实到了绝妙的境地，传说舞台下有9口大缸，排成V字形，起到了拢音和扩音的作用，俗称土音响。

恭亲王营造这样一座大戏台，可谓煞费苦心，单看台上的匾额就与众不同：中间的巨匾写的是"赏心乐事"，两侧的上场门和下场门上写的是"始作"和"以成"。

园内的长廊像一条纽带衔接山水，有机地把各处的建筑物串联在一起，构成一个整体，而且还能遮日避雨。园内的抄手长廊的特点是窄，又做瘦，取意长长寿寿，叫长寿廊。在王府中的长廊可以看到檐上有两排小方块是椽子，上层的彩绘是佛教万字，下层的彩绘是蝙蝠，连起来就是万福万福。

佛教万字 即"卐"，是上古时代许多部落的一种符咒，在古代印度、波斯、希腊、埃及、特洛伊等国的历史上均有出现，后来被古代的一些宗教所沿用。最初人们把它看成太阳或火的象征，以后普遍被作为吉祥的标志。随着古代印度佛教的传播，"卐"字也传入我国。

■恭王府大戏台

■恭王府蝠厅

太湖石 又名窟
窿石、假山石，
是一种石灰岩，
最早宛转险怪
势，形状各异，
姿态万千，通灵
剔透的太湖石，
其色泽最能体现
"皱、漏、瘦、
透"之美，其色
泽以白石为多，
少有青黑石、黄
石。尤其是黄色
的更为稀少，特
别适宜布置庭院
景色等，有很高
的观赏价值。

园中路的最后一座建筑，原名"云林书屋"，又名"寒玉堂"，因其形状像展翅飞翔的蝙蝠，故名"蝠厅"，也是出于祈福的用意。正厅5间，硬山卷棚顶，前后各出3间歇山顶抱厦。正厅两侧，各接出3间折曲的耳房。蝠厅的梁檐柱凳都是彩绘上的斑竹，笔功精作，以假乱真，寓意主人官位"节节生高"。听说该建筑的造型和彩绘斑竹在古建筑中只此一例。由于此建筑构成一个蝠形平面，因此有人说"此厅自早至暮皆有日照"。

蝠厅的特点是从早至晚每个房间都有充足的光线，环廊建在四周又使外面的阳光不会直射到房间内。过去是主人的书房和密室，内挂"寒玉堂"匾，溥心畬夫妻曾住蝠厅。

和珅府邸的最高处叫"邀月台"。山上有3间敞厅，过去这上面也有两根大大的紫藤，绿绿的叶子遮天蔽日，又称作绿天小隐。这也是和珅家最高的一只蝙蝠。站在那里就可以发现这座府邸有老北京四合院的建筑特色。

邀月台总体分为三大部分，东路以大戏楼为主要建筑，西路则以方塘水榭为主要建筑，最重要的建筑都集中在中路，比如，西洋门、独乐峰、蝠池、安善堂、蝠厅、福字碑，前有蝠池，后有蝠厅，取福福相印之意。

恭王府花园的假山是用许多太湖石和糯米浆砌筑成的，非常坚固。过去每天会有人担水倒在两边的两口水缸里，缸底有小洞，水慢慢浸入石头，湖石吸水，长年累月就长出一层绿绿的苔，青翠欲滴，所以叫滴翠岩。不仅美观，还起到了降温、增加院中的湿度的作用。

石头下面有一个十几米的小山洞，传说洞中藏有

■恭王府方塘水榭

王府胜景

北京著名王府的景致

■ 恭王府渡鹤桥

榆关 商属孤竹，汉属辽西郡。榆关地处北部高山背牛顶与南部渤海之间，形胜险要，进可攻，退可守。公元583年筑关，名临渝关。唐设临渝关守提。明初建关设卫时，因其依山面海，故名山海关。素有天下第一关之美称。

仙云，叫秘云洞。洞正中是恭王府内第三绝即镇府之宝"康熙御笔福字碑"，取意为"洞天福地"。

恭王府的西路建筑以水为主，中心是方塘水榭，约有2000平方米，中间是一个方形小岛，岛上是湖心亭，又叫观鱼台、诗画舫，取自庄子濠上观鱼之乐的典故，是主人泛舟垂钓赏鱼的地方。

"一池绿水逐浪，回廊树影交相辉映"，同时也是和珅二十条死罪之一，因为当年公主、王爷的府邸要引水入园，必须得到皇帝特旨钦赐。而和珅在乾隆年间，未经皇帝同意，私自引水入园。

南端的两山之间有一段城堡式的墙，墙顶砌成雉堞状，墙心辟券洞，券洞北面嵌石额，上刻榆关。

当年，清代皇帝就是从榆关入关，在园中设此足以表示主人不忘记清祖从山海关入主中原的丰功伟绩。是最早的立交桥，用的是我国传统园林中典型的"移天缩地在君怀"的艺术手法。

妙香亭是一个像慈禧礼帽的亭子，原来周围种满丁香花，花开时芳香四溢，故得名妙香亭。它为木质结构海棠式方亭，两层12根柱，底为八角形，上为莲花形平顶，上圆下方代表天圆地方天地人间，全国少有。恭亲王奕䜣之孙溥儒常在此写诗作画。

附近靠山的亭子叫秋水山房，是王府主人练功的地方。据说在恭亲王时代，秋水山房雕之上绘满蝙蝠图案的油漆苏彩画；而靠南的墙上，则彩画着巨幅的萃锦园全景图，蔚为壮观。

王府的西北边是"龙王庙"，该庙建筑十分精巧，内供龙王坐像。房前有一口古水井。"龙王庙"的建筑充分显示府主人的独具匠心。龙是驭水的，花园中罗织着庞大的水系，整座恭王府蕴含着五行中水的意象。

榆关城墙上还有一座更小巧的门楼式"山神庙"据说是祭"四神"的，即四种动物：刺猬、黄鼠狼、蛇、狐狸。传说这四种动物自古就经常出没于府园之中，府中历代主人都敬之如神，待之如宾，每当府中有人生病或遇不测时，在庙前跪拜烧香或上供品，以求四神助其病除和平安。

从以上建筑可以看出恭王府花园全园的地形起伏不大，

■ 恭王府妙香亭

■恭王府正门

游廊也少曲折，显现出过于追求居住、游宴的生活排场，而缺少曲折变幻、移情换景的园林气息。这原是北京王府花园的共性，不过恭王府花园更加突出，因而更具有王府花园的代表性。在建筑风格上，以庭院式组合，全部"小式做法"建造。

在园林小品表现手法上，园林甬路曲折掩映，景随步移，步步有景。它集北方建筑与江南造园技艺为一体，又具有北方私家园林的独特风格，在清代诸多王府中是少有的。

阅读链接

"月牙河绕宅如龙蟠，西山远望如虎踞。"这是史书上对恭王府的描述。就其选址而言，它占据京城绝佳的位置。

古人修宅建园很注重风水，北京据说有两条龙脉，一是土龙，即故宫的龙脉；二是水龙，指后海和北海一线，而恭王府正好在后海和北海之间的连接线上，即龙脉上，因此风水非常地好。

古人以水为财，在恭王府内"处处见水"，最大的湖心亭的水，是从玉泉湖引进来的，而且只内入不外流，因此更符合风水学敛财的说法。

醇亲王府

　　醇亲王府位于北京后海北沿。前身是清初大学士明珠的宅第。1789年，乾隆帝封其十一子永瑆为成亲王，并将明珠府赐永瑆。随即按王府规制改建。此府传至第六代成亲王毓橚时，被赐予醇亲王奕譞。

　　奕譞的原王府在西城区太平湖东里。因光绪帝生于此府，成为潜龙邸，故光绪帝继位后醇王必须迁出。为加以区别，醇王原在太平湖的王府称南府，后海北沿的新王府称北府。

诞生光绪帝的醇亲王南府

　　醇亲王南府位于太平湖东里。说起这座南府的历史可真是悠长，清朝初年，此处为"八大铁帽子王之一"的克勤郡王岳托第三子、贝勒喀尔楚珲的宅第。至1859年，咸丰帝将其赐给了赫赫有名的醇亲王

醇王府古建遗迹

■ 醇亲王府建筑

奕譞。奕譞是道光帝的第七个儿子，出生在紫禁城内，从小就以皇七子的身份住在皇宫，被称为"七王爷"。他是慈禧太后亲自选定的妹夫，结婚以后就搬到此府居住了。

奕譞是光绪帝生父。光绪帝登基后，光绪十六年奕譞去世，太平湖的醇亲王府前半部改建为醇亲王祠，后半部仍作"潜龙邸"。潜龙邸就是清代的太子如果登基，原来的住所不能成为后代皇帝居所，需挪作他用。著名的雍和宫曾住的就是雍正帝。因此，雍和宫也算是北京一个著名的潜龙邸了。

醇亲王南府在民国期间，曾经先后作为中华大学和民国大学的校舍使用。新中国成立后，分给了中央音乐学院和北京三十四中学使用。

内城西南角本有一个小湖，名为太平湖，湖水流入王府的水池中。现如今太平湖早已填平。原来，20世纪70年代前后为修路，不仅西南城墙、角楼被相继

水榭 是指供人休息、观赏风景的临水园林建筑。我国园林中水榭的典型形式是在水边架起平台，平台一部分架在岸上，另一部分伸入水中。平台跨水部分以梁、柱凌空架设于水面之上。平台临水围绕低平的栏杆，或设鹅颈靠椅供坐憩凭依。

仪仗 古代用于仪卫的兵仗。指帝王、官员出行时护卫所持的旗、伞、扇、兵器等。现指国家举行大典或迎接外国首脑时护卫所持的武器，也指游行队伍前列所举的旗帜、标志等。仪仗在神农始为仪仗，秦汉始为导护，五代始为宫中导从。

拆除，太平湖也被填埋。

醇亲王南府坐北朝南，分中路和东、西路及花园。中路原来由南往北依次为府门、宫门、银安殿、启门、神殿、后罩楼。

府门面阔3间，两侧有"八"字影壁，内有东西二门至东西院。中路后来新建了一座礼堂，尚保存二进四合院。东西两路各有六进院落。西侧花园引太平湖水入园，并建有亭台、水榭、船坞等建筑。

1875年，18岁的同治帝得了天花，一命呜呼了。由于同治帝没有儿子，大清王朝立时面临没有合适人选继承王位的严重问题。

突然丧子的慈禧太后根本来不及悲痛，为了继续把持统治大权，这位权欲熏心的皇太后立即宣布：由

■ 醇亲王南府大殿

醇亲王的儿子载湉继承皇位，也就是后来的光绪帝。

1875年年初的一个深夜，太平湖畔的醇亲王府突然喧闹异常。门前兵丁林立，仪仗庄严，王公大臣列队恭候；宅内灯火通明，气氛紧张，慌乱的家人把睡梦中的载湉叫醒，匆匆给他穿上从皇宫里送来的龙袍。接着，载湉被人抱上早就停在府门外面的暖轿，这样，载湉就此糊里糊涂地永远离开了自己的家。

当年慈禧太后选光绪帝进宫的时候曾经假惺惺地立下诺言："一俟皇帝典学有成，即行归政。"身为皇太后，说话总要算话。1889年，光绪帝的亲政典礼如期举行。

光绪帝并非同治帝的直系后代，在其出生的时候没人会料到他后来会成为皇帝。由于醇王府成了一代皇帝的"发祥地"，所以，他原先的住所就被称为"潜龙邸"了。

按照清朝成例，在皇帝入宫以后，这住宅必须"升格"为特殊的

宫殿或者索性闲置，而不能再由家人居住。所以，在光绪"继承大统"以后，慈禧太后便把什刹海北岸的一座贝子府赏给光绪帝的父亲老醇亲王，也就是后来的醇亲王北府。

在清朝，出了皇帝的王府，就会被改成"潜龙邸"。清政府被推翻以后，"潜龙邸"开始跟学校结下了不解之缘。这里先是成了民国大学的校舍，后改为私立新中中学，之后又成了北京市34中，在后来北京电子电器职业高中又跻身王府，紧接着又是燕京职工大学。

随着历史变迁，"潜龙邸"逐渐变得血肉模糊。为扩大使用面积，游廊变成教室，一排排小平房拔地而起。1976年的唐山大地震更是让其落毛的凤凰不如鸡，被震塌的屋墙改用红砖头重砌，哪儿坏了再凑合补上。

游廊 附在建筑外部盖有顶的敞廊或门廊，也指连接亭台楼阁的走廊。正房、厢房与垂花门之间，一般都有游廊连接。凡有游廊连接的房子，其前檐都有廊子，在廊子两尽端的山墙部分留有洞口，通向游廊，叫作廊门筒子。游廊不仅有通行功能，还丰富了内宅建筑的层次和空间。

王府胜景
北京著名王府的景致

■ 遗留下来的醇亲王南府

■醇亲王南府大殿

　　2006年，当社区学校进驻这里时，一点"潜龙邸"的模样都没有了。经过历时一年半的大修，"潜龙邸"终于恢复了当年的辉煌。

　　东、西路建筑采用墨线大点金的彩绘，而最重要的中路则采用和故宫一样最高等级的金线大点金彩绘，共用去金箔数万张。

　　当大功告成时，装有西城区文委撰写的《醇亲王府南府修缮纪事铭》的"宝匣"被郑重地放置在后罩楼正脊处，作为一种社会财富，为备后人阅览，可以世世代代流传下去。

阅读链接

　　在我国古代，皇帝被称为真龙天子。按照清朝规定，皇帝从王府内继承帝位，登基前居住的王府要上升为宫殿，称为潜龙邸。北京共有三座潜龙邸，分别是：

　　位于安定门内的雍和宫——雍正帝登基前居住的雍亲王府，也是乾隆帝出生地；

　　位于新文化街西口鲍家街的醇亲王南府——光绪帝载湉的出生地；

　　位于后海北岸的醇亲王北府——宣统帝溥仪的出生地。

诞生宣统帝的醇亲王北府

　　醇亲王北府在康熙年间是大学士纳兰明珠的宅第，其子纳兰性德为清著名诗人，是《红楼梦》研究专家注意的对象。王府中的花园也可能建造于那时，但面积只有后来花园的东半部分。

■醇亲王府内景

■ 醇亲王府莲亭

到了1790年，纳兰明珠后裔承安得罪了和珅被抄家，据记载他们家有房屋989间。和珅罗织罪名将这座府邸没收后，便成了自己的别墅。

和珅被嘉庆帝抄家后，此宅就赐给乾隆第十一子成亲王永瑆，1794年修缮竣工入住。格局与后来的醇亲王北府差不多，最大的改变就是扩展了明珠时代的花园部分，开挖河道、湖泊、假山等，据说纳兰明珠时代的渌水亭就是如今的恩波亭。

成亲王的爵位是世袭递降的，之后，慈禧太后将这座王府赐给了奕譞，赏银10万两修治，还赏银1万两作为原府主贝子毓橚搬迁至西直门内半壁街的费用。

醇亲王奕譞于1888年9月开始整修，务求精致，所费不赀。

第二年正月，10万两银用完后，过于浩大的工程仍未完成，于是慈禧太后又复增银6万两修葺。1889年

纳兰明珠 是康熙年间最重要的大臣之一，荣称"相国"，在议撤三藩、统一台湾、抗御外敌等重大事件中起到了积极作用。后来却因为朋党的罪名被罢黜职位，后虽官复原级，却再也受不到重用了，最后郁郁而死。

醇亲王府正殿

硬山顶 即硬山式屋顶，是我国传统建筑双坡屋顶形式之一。房屋的两侧山墙同屋面齐平或略高出屋面。屋面以中间横向正脊为界分前后两面坡，左右两面山墙或与屋面平齐，或高出屋面。高出的山墙称风火山墙，其主要作用是防止火灾发生时，火势顺房蔓延。然而从外形看也颇具风格。常用于我国民间居住建筑中。

下半年，修府工程结束后，醇亲王奕譞由老府迁入。

醇亲王北府基本上是复制南府的建筑规格，因为是亲王北府坐北朝南，布局广阔，可以分为中、东、西三路。

中路的宫殿式建筑是主体。由南而北的中轴线上依次建有：临街大门，面阔5间，灰筒瓦歇山顶，门两翼延建有东西角房，月街即后海水面；大宫门，面阔5间，绿琉璃瓦歇山顶；银安殿，面阔5间，绿琉璃瓦歇山顶；小宫门，面阔3间，绿琉藕瓦硬山顶，两侧为面阔5间的东、西耳房；神殿，面阔5间，两翼是东、西朵殿；遗念殿，是面阔9间的2层后罩楼，内供奕譞生前衣冠以存后人遗念而名。

东路建筑主要是两组祠堂、佛堂和四进雇工住房，现仅存南大门和最北的5间神厨，东路东墙外的又一组院落为王府的马厩。

西路建筑是王府的住宅部分和日常起居活动的处

所，由并排的2组院落组成，西组院落原建有面阔5间的房子。

第一进院子叫宝翰堂，也叫大书房，是王府会客的地方。据说当年孙中山进京，冒着漫天飞雪拜访醇亲王时，会谈地点就在宝翰堂。1个月后，孙中山病逝，载沣在宝翰堂设灵堂祭拜。

第二进院子叫九思堂，是太妃居所。第三进院子叫思谦堂，是王妃住所。其东组院落原建有儿辈读书处的任真堂、溥杰的住处树滋堂、信果堂，此两组院落后为面阔9间的后罩楼。

王府西部为花园，内有篁亭、恩波亭、濠梁乐趣、戏台、乐寿堂、畅襟斋、观花室、听鹂轩、听雨屋及南楼等建筑。抄手游廊为灰筒瓦顶，油漆彩画，恩波亭为六角攒尖顶的亭子。

进入大门以后，左侧是一座假山，在山上面有一

溥杰 字俊之，清朝末代皇帝溥仪的同父同母弟弟。溥杰自幼精习书法、诗词，具有坚实雄厚的诗、书功力，是海内外知名的书法家。由于他身世独特，有感而发，感情真挚，意境求新，他的诗词也很有特点。著有《溥杰诗词选》传世。

■ 醇亲王府内的西院花园

座"扇亭"，匾额是醇亲王亲笔题写的，其匾额上正名为"箑亭"。从这里临高而望，可一览后海的旖旎波光。

从扇亭下来北行，竹林掩映间就是抄手游廊，引人到一个六方亭，上有篆书题字"恩波亭"，寓意是"皇恩浩荡"。此亭两面临水，因为奉旨引玉泉水进园，是京城唯一引用玉泉水的花园，这个亭子就是为了谢恩而建的。所以，这个园里的水都是活水，与北海、后海、故宫的水相通。

还是在纳兰明珠拥有此府邸时，在文坛声名斐然的公子纳兰性德就经常在这里高谈阔论。南楼前有两株二三百年树龄的夜合花树，是纳兰性德亲手栽植。

草坪的北面即是园内的主体古建筑群。其中，前厅"濠梁乐趣"，原址是"益寿堂"。后厅是"畅襟

■ 醇亲王府南楼

■ 醇亲王府花园

斋"，全园中的主房。

东厢房是"观花室"，西厢房是三卷棚勾连搭的"听鹂轩"。二层主楼的原址上曾有一座四方古建庭院，三排房舍，同前面提到的"益寿堂""畅襟斋""观花室""听鹂轩"都是醇亲王府的原有建筑。

醇亲王北府修好2年之后，奕譞就去世了。之后，奕譞的第五子，也就是光绪帝的胞弟载沣成为第二代醇亲王。1906年，载沣的长子溥仪在北京什刹海边的醇王北府降生。

1908年10月，慈禧太后和光绪帝同时病重。在光绪皇帝临死前一天，慈禧太后也行将不起，由于光绪帝无后，慈禧太后在中南海召见军机大臣，商量立储人选，军机大臣认为内忧外患之际，当立年长之人。

慈禧太后听后勃然大怒，最后议定，立3岁的溥仪为帝，并让溥仪的亲生父亲载沣任监国摄政王。大臣

溥仪（1906—1967），是道光皇帝的曾孙，光绪皇帝胞弟载沣的长子，我国历史上最后一个皇帝。在位时年号"宣统"，1911年宣布退位。抗战时由于充当日本扶持的伪满洲国傀儡皇帝，被定为战犯，后被特赦，成为中华人民共和国的普通公民，1967年在北京病逝。

■ 醇亲王府一角

将此事告知光绪帝后，因为溥仪是自己的亲侄子，又让自己的亲弟弟监国，光绪帝十分满意。接着，光绪帝、慈禧太后在两天中相继死去。

半个月后，溥仪在太和殿即位，由光绪皇后隆裕和载沣摄政。第二年改年号为"宣统"。就这样溥仪登上了大清王朝末代皇帝的宝座。在30多年的时间里，醇亲王府居然接连出了两个皇帝。这一下，"北府"也成了"潜龙邸"。

阅读链接

醇亲王府的第三座府邸也就是监国摄政王府，在"北府"成为宣统帝潜龙邸后，光绪帝的皇后隆裕命人在中海西岸集灵围地区修建监国摄政王府，有官门、银安殿、神殿、后罩殿。还有东西两个跨院，共有房屋1500多间。

辛亥革命之时，这座监国摄政王府的工程仍未竣工。袁世凯时期，为国务院，后为总统府，今为国务院办公用地。

由此说来醇王府实在荣耀：两度"潜龙"、一朝摄政、三修府邸，在历史上也算是一件很特殊的事情了。